LEIKO IKEMURA
TRANSFIGURATION
FROM FIGURE TO LANDSCAPE

DISTANZ

LEIKO IKEMURA
TRANSFIGURATION
FROM FIGURE TO LANDSCAPE

DAUER UND WERDEN

Julian Heynen

> In Wahrheit kennen wir die Dinge unserer Welt nicht als festgelegte Objekte, sondern als Bekannte und Fremde, als enge Vertraute und unangenehme Nachbarn, als Verbündete und Außenseiter und launische, gefährliche Kameraden. David Abram

Mädchen und Tiere und Bäume und Landschaften und wiederum Meere und Bäume und Hasen und Mädchen und Horizonte. Eine langsam wogende, kreiselnde See von – was? Von Gegenständen, von Wesen, von Zuständen, von Träumen, von Wünschen oder, heruntergebrochen auf die Hilfsvokabeln der Kunstsprache, von Motiven? Eigentlich müsste man alle diese Wörter und die Bilder und Formeln, die hinter ihnen stehen, vergessen, wenn man ansieht, was Leiko Ikemura malt und formt – und wenn man darüber zu sprechen versucht. Allzu gesättigt scheinen diese Dinge mit Geschichten, Traditionen und Bedeutungen, verfestigt wie Symbole, von denen wir genau zu wissen scheinen, was sie bedeuten. Auf den Mädchen liegt der Ballast jahrtausendealter Frauen- und Männer- und Kinderbilder: über sie verteilt sich der schwere Dunst der Projektionen von Keimen, Erwartung und Unschuld. Und auch ihr Liegen mit dem Gesicht zur Erde, die Auflösung in alles als magischer Moment zwischen freier Kindheit und einem hart gefügten Danach, hat schon längst seine psycho-soziale Beschreibung gefunden. Auch die Tiere kommen aus unserer emotionalen und symbolischen Umklammerung nicht heraus, sie gerinnen zu Folien des Anderen. Mit den Bildern der Bäume, der Pflanzen schaffen wir uns die fernsten Verwandten, gerade noch lebendig wie wir, aber schon eins mit etwas Größerem oder Älteren, Elementareren. Und die Horizonte als die Ziel- und Sehnsuchtsstellen der Natur, diese lufttänzerischen Konstruktionen des menschlichen Gehirns und seiner Sklaven, der Augen? Von so sprechenden Details wie den Inseln, den Vögeln, den Hasen oder den Röcken der Mädchen ganz zu schweigen. Sie teilen unseren Willen zur Definition in immer kleinerer Münze aus.

Aber wie nun? Sollte man die Augen vor den Dingen, die man auf den Bildern sieht, verschließen, die Hände nach den Plastiken gar nicht erst ausstrecken wollen? Und selbst wenn man es täte, könnte man das Sekundenbild der Dinge im Wegschauen verscheuchen oder die Erotik der imaginierten Berührung verleugnen? Oder müsste man nur eine Weile im abgewandten Blick, hinter verschlossenen Augen gedankenlos ausharren können, um dann beim erneuten Blick auf die Dinge von den Forderungen an sie befreit zu sein? Aber selbst wenn ein solches Sehen möglich wäre, es müsste absolut still sein. Denn jedes Wort bringt unweigerlich wieder ein Fühlen und Denken in Formeln, in Begriffen, in Bedeutungen zurück. Also auch kein Text wie dieser hier, kein Versuch der Kommunikation. Womit wir am Ende wären – nur sehen, kaum betrachten, tuning in, kein Ausgang.

Aber halt. Vielleicht muss man nur eine etwas andere Sprache wählen, um sich den Arbeiten zu nähern, muss das Betrachten gleichsam aufteilen in einen Blick auf die Dinge und einen Blick durch die Dinge hindurch. Das Bild eines Mädchens sehen und gleichzeitig sich von ihm lösen. Von Bäumen reden, aber nicht über sie. Oder nur ganz nah an eine einzelne Arbeit herantreten, alle anderen und die Konstruktion eines Werkes mit Namen Ikemura ausblenden, den Fokus zuspitzen, um in extremer Nahsicht anders betrachten zu können. *White Figure* zum Beispiel. Mit dem Titel kann man die Arbeit in den Archiven wiederfinden, aber lassen wir ihn hier beiseite. Das Entstehungsdatum tut jetzt auch nichts zur Sache, wohl aber der Ton, aus dem die Plastik gemacht ist, und damit die Hände, deren fühlende Intelligenz das Material zur Form gebracht hat. Sein Gewicht, sein Verhalten zwingen dazu, unten anzufangen. Der Boden, auf dem die Form wächst, kann nicht ignoriert werden – wie das bei einem Bild möglich wäre. Ihr Stand muss gewährleistet sein – wie hier breit, gedoppelt und am Rand mehrfach angedrückt. So leicht werden sich die darüber aufwachsenden Stämme dieses Anfangs von unten nicht von der Stelle rühren. Alles, was auf und über ihnen geschieht, kann darauf vertrauen, dass es gehalten wird, dass Zeit, dass Dauer an diesem Ort vorhanden sind. Eingelassen in dieses Standbett und sich aus ihm hervorwölbend ein Individuum. Denn das wird sogleich deutlich, noch bevor das Wort oder der Vergleich zur Hand ist, mit dem man die Form bestimmen könnte. Jede noch so kleine Partie des Tons ist einmalig, jede Wölbung, jede Delle, jede Textur, jede Tönung. Einmalig, nie zu wiederholen und unendlich. Jedem Versuch einer Detailbeschreibung würden bald die Begriffe ausgehen. Die Abdrücke der Finger, ihr immer wieder neu ansetzendes, nicht zu durchschauendes Spiel mit dem Ton, haben etwas von ihrer Identität an die neue Form abgegeben. Aber damit ist sie beileibe kein Abbild derjenigen, der diese Finger gehören. Die Berührung, die stattgefunden hat, ist eben das: eine Berührung, keine Identifizierung oder Verschmelzung.

Das Individuum, das hier im Ton steckt, ist – nur scheinbar paradox – immer mehr als eins. Um notgedrungen auf das geläufige Vokabular, diesen Zuchtmeister der Gedanken, zurückzugreifen: Wo Venushügel sein könnte, ist auch Kinn; wo ein Nabel sich weiten mag, schweigt auch ein Mund; wo Brustfläche wäre, schließen sich auch Augen; wo Arme ansetzen könnten, verpuppen sich auch Ohren. Und was als hohe Stirn empfunden wird, ist auch Schulter, auch Berg. Ein Kopfkörper ohne die gewohnten Proportionen, ohne die Sicherheit des Dieses-hier-und-jenesdort. Und sicher ohne die Gewissheit seines Geschlechts. Die Suche nach den bekannten Merkmalen führt ins Leere. Weiblich wird die Form im Blickwinkel des Betrachters, männlich aus einem ihr unterstellten Bewusstsein heraus – oder umgekehrt. Auch eine hermaphroditische Koppelung der Gegensätze geht noch an der Sache vorbei. Hier sind Alternativen geschlechtlichen Seins verwandelt und erweitert zu Möglichkeitsformen des Individuums – nicht im Sinne einer Gestalt oder einer Identität, sondern als gedankliche und emotionale Potenziale.

Der Ton ist unter den Händen aber auch zum Landschaftskörper geworden, zu einer weiteren Spielform ohne die festen Konturen des Entweder-oder. Nicht jedoch zu einer Figur in der Landschaft als Sinnbild eines Verhältnisses, bei dem sich Mensch und Natur gegenüber stehen, sei es kontemplativ oder aktiv. Und Landschaft als Gestalt, mythisch personifiziert, humanisiert oder dämonisiert, ist ebenso fern. Umgekehrt wiederum wäre „Landschaft eines Gesichts" bloße Metapher und ginge am Befund vorbei. Landschaftskörper dagegen könnte heißen, dass der gefühlte, der bewusste Körper des Individuums mitunter die Konturen zur sichtbaren Natur, zur Landschaft aufgibt. Dass er – oder vielleicht besser es – fähig ist, Überganszonen zuzulassen und zu bilden, in denen sich die Zustände, die Identitäten vermischen oder verschränken. Landschaftskörper wäre dann ein körperlich-seelischer Aggregatzustand jenseits, aber unter Beteiligung von Ich und Natur – tastbar gemacht in einer sichtbaren Form aus beweglichem Ton.

Und was ist mit der anderen, der zweiten Seite der Form, die hart an den Rändern der ersten beginnt und sie zu widerrufen scheint? Auf den ersten Blick eine bloße Rückseite, sekundär, akzidentiell, eigentlich eine Abseite, die allein dem Material geschuldet ist und einer Konvention folgt, die sagt: Hier gibt es keine Form, keine Aussage; ich gelte nicht, du sollst mich gar nicht betrachten. Allerdings steht die Figur nicht fest vor der Wand wie andere, ältere Skulpturen, bei denen die Rückseite schlichtweg ignoriert wird. Diese andere Seite bleibt sichtbar, schmiegt sich als Hohlform in den Körper der ersten. Sie wurde von den gleichen Händen geknetet und gestrichen, vielleicht ein wenig anders, summarischer, wie ein schwaches Echo ihrer Erotik. Ein Gefühl wie die Sonne, die warm auf das Gesicht scheint und den Hinterkopf in den sensorischen Schatten – und den des Bewusstseins – stellt. Das Individuum kehrt der Welt seine aus sich heraus entwickelte Oberfläche zu – aber eben auch eine zweite, innere Membran, weniger artikuliert, noch nicht verstanden, aber präsent. Oder soll man die Höhlung im Schatten als Innenseite einer Maske betrachten, deren Außenseite uns etwas zeigt, das wir glauben sollen? Sofort begänne ein Spiel der Identitäten und Ambiguitäten, eine Aufspaltung in Realität und Erscheinung, in Wahrheit und Schein und man wäre mitten drin in der verwirrend einfachen, doppelpoligen Welt des So-oder-so, des Falsch-oder-richtig. Ein Irrweg, wie mir scheint, der modernen Vorliebe für Authentizität und Entlarvung geschuldet. Das Material und seine Bearbeitung wollen etwas anders. Sie deuten auf die verwirrende Kontinuität des Individuums – durch alle heterogenen Zustände hindurch.

Auch wenn man die Form immer wieder umrundet, jeder Erhebung und Vertiefung mit den Augen und den hinzu gedachten Händen folgt, von Farbnuance zu Farbnuance gleitet, die ständigen Assoziationen und Metamorphosen, die die wahrgenommen Körperpartien im eigenen Gehirn durchlaufen, als in sich kreisenden, ununterbrochenen Strom akzeptiert – als Objekt stößt das Gebilde selbst an eine bestimmte Endlichkeit. Der Körper der Plastik hört abrupt an seiner Oberfläche auf; um ihn herum ist etwas grundsätzlich anderes. Und der nächste Körper wiederum, also etwa unserer, bildet eine völlig eigene Welt. Nicht nur nach außen ist dieses Individuum aus Ton scharf abgegrenzt, steht es in einer Distanz zu allem anderen, die selbst unsere Berührung – als Sehnsuchtsgeste und mit dem sofortigen Bewusstsein eines Verlustes – nur für einen Moment verringern kann. Auch in der anderen Richtung sind die Glasur und die oberste Schicht des Tons ein Abschluss. Blicke und Gedanken dringen nicht weiter ins Innere vor; nur blindes und stummes Material. Warum dieses Gefühl von Abgeschlossenheit und Beschränkung bei einer Plastik – anders vielleicht als bei einem geschätzten Gegenstand des alltäglichen Gebrauchs, bei einem Objekt, das Verbindungen schafft, weil es durch viele oder bestimmte Hände geht, weil es Lebenszwecke erfüllt? Liegt es an der Figur, an der Menschenähnlichkeit, der alles Körperhafte-Präsente und der feste Stand auf der Erde anhaften, also am Jetzt und Hier der Plastik, der nur eins fehlt: die Bewegung, das Ausgreifen der Zeit?

Spätestens jetzt geht der Blick hinüber in das andere Metier von Leiko Ikemura, die Malerei. Und seltsam: Obwohl auch hier wie bei den Plastiken so oft einzelne Figuren im Mittelpunkt stehen und man ihnen ohne weiteres Namen geben kann, tut die Malerei zunehmend alles, um über die Grenzen dieser Körper hinaus zu gehen. Wie nützliche Erinnerungen stehen die Formen dieser Wesen und Dinge im Raum, lesbar, aber nicht mehr als geschlossene Einheiten und semantische Autoritäten. Die lasierenden Farbfelder und -wolken auf und in den Faserstrukturen der Leinwände drängen sie vielmehr sanft über ihre räumliche und inhaltliche Beschränkung hinaus. Die Zeichen für Mädchen, Horizonte und Buchten scheinen sich im Übergang zu einem anderen Aggregatzustand zu befinden, von einem festen in einen flüssigen oder gasförmigen – sozusagen. Form als Bedeutung gerät in eine Art atmosphärische Bewegung. Dabei vollzieht sich weniger eine Metamorphose als dass sich die neue, erweiterte Form in die ursprüngliche einstellt. Kohabitation könnte man das nennen, Zusammenleben der noch gegenständlich gefassten Form mit einem bestimmten Zustand, einem Gefühl oder einer grundsätzlichen Verfasstheit. Im liegenden Mädchen wachsen so etwa Schlaf, Traum, Einsinken in die Welt als Empfindungen der Malerin und des Betrachters. Oder durch die Seehorizonte hindurch erscheint die Haltung, die Welt eher durch sich hindurchströmen zu lassen als sie jederzeit benennen und ordnen zu wollen. Und in den Bildern mit Figuren, die auf undurchschaubare Weise in die Natur eingebunden sind, taucht ein Bewusstsein unauflöslicher Abhängigkeit und existenzieller Konfrontation auf.

Die Bewegungen, in die die Dinge und Zustände in den Bildern mit Hilfe der gleichsam flüssig gehaltenen Farben auf diese Weise geraten, folgen nie nur einer Richtung. Die Figuren sind nicht nur Ausgangs- oder Durchgangsstationen für Empfindungen; aus dem reinen Fühlen oder Sinnen oder Wollen führen die Blicke auch wieder zurück zu den Gegenständen und Individuen. Der Zeitstrahl verliert seine Rigorosität, die Unerbittlichkeit des Vorher-jetzt-später, wobei das Eigentliche immer erst noch zu kommen scheint. In den Bildern und Plastiken Ikemuras greift die Zeit allseitig aus oder besser: sie wird Dauer. „Nun ist es aber für die Dauer wie für die Bewegung wesentlich [...], fortwährend in der Bildung begriffen zu werden“ (Henri Bergson). Daher vielleicht auch der Eindruck, dass es für keine ihrer Arbeiten einen Endzustand geben dürfte, dass immer eine weitere, ähnliche, sich entwickelnde Formulierung im nächsten – oder auch im vorherigen – Bild existieren muss. Dauer und Werden schließen sich hier nicht aus.

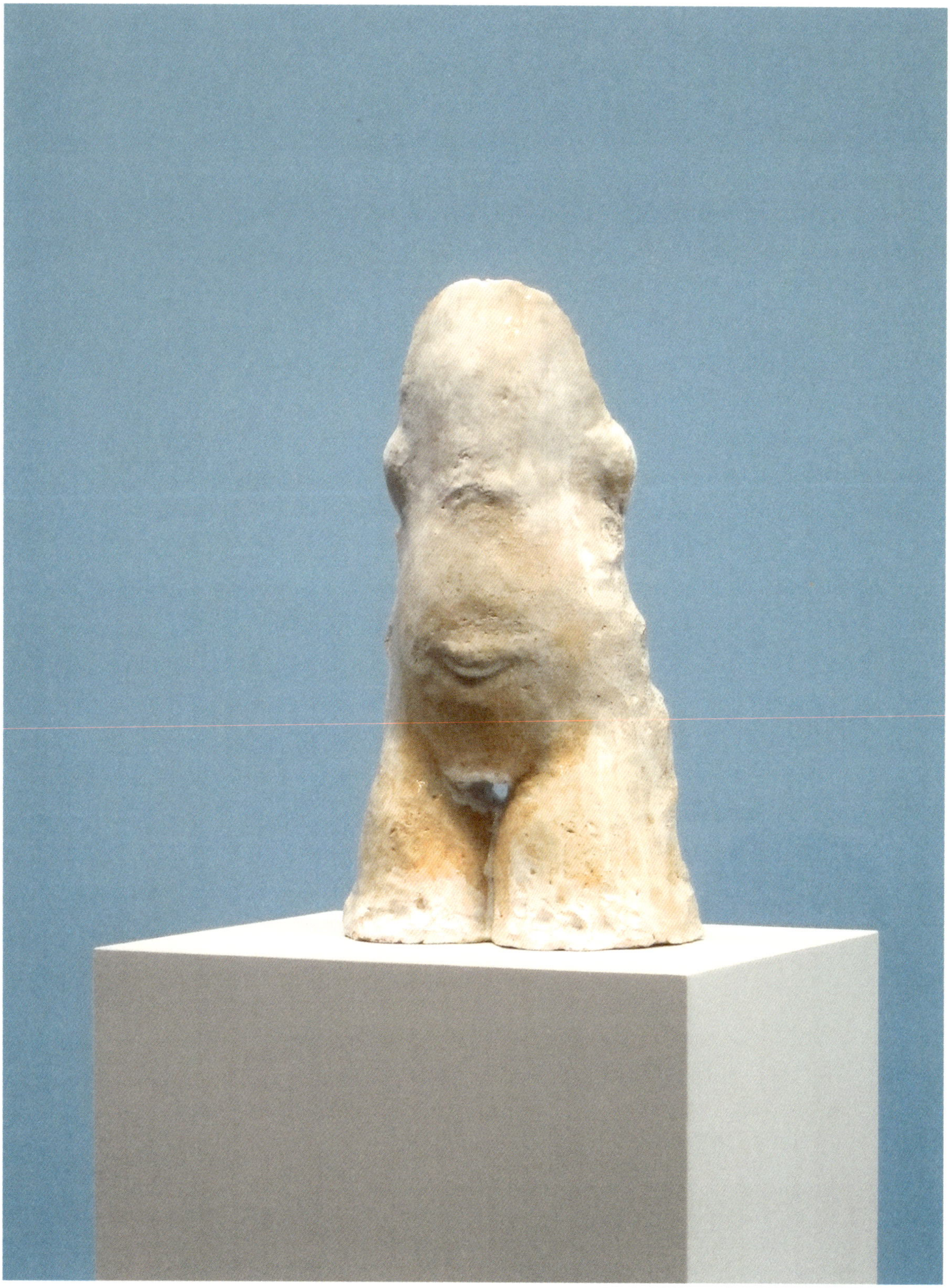

White Figure, 1992

DURATION AND BECOMING

Julian Heynen

> We know the things of our world not, in truth, as determinate objects, but as acquaintances and strangers, as trusted familiars and as troublesome neighbors, as allies and misfits and moody, dangerous comrades. David Abram

Girls and animals and trees and landscapes and yet more oceans and trees and hares and girls and horizons. A slowly undulating, circulating sea of—what? Of objects, of beings, of conditions, of dreams, of desires or, in the impoverished vocabulary of artistic discourse, motifs? It would be better to forget all these terms and the images and formulas that are behind them when we see how Leiko Ikemura paints and how she forms objects—even if we are trying to talk about them. All the things these words refer to seem too saturated with stories, traditions, and meanings, fixed like symbols that we already seem to understand all too well. The girl is weighed down with the ballast of images of men and women and children going back over the millennia; she is shrouded in a haze of projections of germination, expectations, and innocence. And the way she is lying with her face towards the ground—this coalescence with everything as a magic moment between free childhood and a harsh afterwards—has long since been described in psycho-social terms. Nor do the animals escape our emotional and symbolic clutches; instead, they turn into foils of the Other. We view the trees and plants in these images as distant relatives, still just alive like us, but already at one with something greater or older, something more elemental. And horizons as nature's destinations and places of longing, these air-dancing constructs of the human brain and its slaves, the eyes? Not to mention such telling details as the islands, the birds, the hares, and the girls' skirts. They break down our will to definition into ever smaller parts.

So now what? Are we to close our eyes to the things we see in the pictures, are we not even to want to reach out to touch the sculptures? And if we did, could that split-second image be dismissed by looking away, or could the eroticism of that imagined touch be denied? Or would it be enough to hold out for a short while, looking away, with no thoughts and with our eyes closed, in order to be liberated, when we look at them again, from the demands we make of them? But even if it were possible to look at them in that way, there would have to be absolute silence. Because inevitably every word formulates some kind of feeling or thinking, turning it back into concepts, into meanings. And there could be no text like this one, no attempts at communication. Which would be the end of it all—just looking, barely even observing, just tuning in, no way out.

But stop. Maybe we just need to choose a different language for these works, maybe we should as it were divide our looking into one gaze at things and another gaze through things. Look at the picture of a girl at the same time as detaching oneself from it. Talk of trees but not about them. Or approach very closely to a single work, close one's mind to all other works and the construction of any œuvre with the name Ikemura, and sharpen one's focus in order to observe the work in a different way, from extremely close up. Take *White Figure,* for instance. The title is useful for finding the work in the archives, but let us leave it aside for the moment. The date of its making is also not of significance—not so the clay from which this sculpture is made and hence the hands, too, whose sentient intelligence gave this material its form. Its weight, its demeanor compels us to start from its base. The ground that it is growing out of cannot be ignored—as one might do with a painting. Its stance has to be secured—in this case with a broad base, doubled, and with multiple depressions along the edges. The trunks rising up from this beginning will not easily shift from the spot. Everything that happens on and above them can rest assured that it will be sustained, that time and duration are present here in this place. Set on this base and rising up out of it is an individual. For that is immediately clear, even before the words or comparisons arise that might be used to define this form. Every last detail of the clay is unique, every swelling, every dip, every texture, every hue. Unique, never to be repeated, and infinite. Words would soon fail one in any attempt to describe these details. The prints left by fingers, by their constantly re-starting, impenetrable game with the clay, have imbued the new form with something of their identity. Yet it is certainly in no sense an image of the one to whom these fingers belong. The touch that took place here was only that: a touch, not identification or conflation.

The individual that inhabits this clay is—in an only seemingly paradoxical manner—always more than one. Forced to put it in conventional terminology, that mental straitjacket: what could be a Venus Mount is also a chin; the opening of the navel may also be that of a silent mouth; where the breast would be, eyes are also closing; incipient arms also turn out to be ears. And what looks like a high forehead is also a pair of shoulders, a mountain. A head-body without the usual proportions, without the reassurance of this-here-and-that-there. And clearly without the certainty of a particular gender. The search for familiar features leads nowhere. From the perspective of the beholder the form looks feminine, whereas its imagined consciousness appears masculine—or vice versa. But to focus on a hermaphroditic mingling of opposites is also to miss the point. For here alternative forms of sexual existence are transformed and extended to become new possible forms of life for the individual—not in the sense of its *Gestalt* or identity, but in terms of its mental and emotional potential.

However, in those hands the clay has also become a landscape body, a different kind of form without the fixed contours of either-or—albeit not a figure in the landscape as the symbol of a relationship, with humanity and nature facing each other in either a contemplative or active manner. And landscape as a *Gestalt*, as the personification of myth, humanized or demonized, is just as far off the mark. By the same token, "landscape of a face" would merely be an empty metaphor without any relevance. On the other hand, landscape body could mean that the felt, conscious body of an individual was relinquishing its contours to visible nature, to the landscape. That he/she—or perhaps more precisely *it*—is capable of accommodating and forming transitional zones in which circumstances and identities mix or merge. Landscape body would thus be a physical-spiritual aggregate state, in which both the "I" and nature are participants—rendered tangible in a visible form made from malleable clay.

And what about the other side of the form, the second side, that starts so close to the edges of the other and seems to contradict it? At first sight it is just the back of the piece—secondary, accidental, actually a non-side that owes its existence purely to the material and adheres to a convention that says: there is no form here, nothing is being said; I don't count, you shouldn't even be looking at me. At the same time, however, the figure is not placed directly against the wall like other, older sculptures, where the back is simply ignored. In this case the other side is visible, nestling as a concave form into the body of the first. It was kneaded and smoothed by the same hand, perhaps a little differently, in less detail, like a faint echo of the other's eroticism. A feeling like the sun that shines warmly on one's face and leaves the back of the head in a sensory shadow—and also in the shadow of awareness. The individual turns its self-made surface to the world—but also its second, inner membrane, less articulated, not yet understood, but present. Or should we read the concave form in the shade as the interior of a mask, whose exterior shows us something that we should believe? It would take us straight into a game of identities and ambiguities, a split between reality and appearance, between truth and semblance, and we would be caught up in the midst of a confusingly simple, dual-poled world of this-or-that, of right-or-wrong. A false trail, it seems to me, a consequence of the modern predilection for authenticity and unmasking. The material and its treatment are not about this. They point to the confusing continuity of the individual—throughout a whole series of heterogeneous states.

Even if one goes on walking around the figure—following every protuberance and indentation with one's eyes and, virtually, one's hands slipping from color nuance to color nuance, accepting the constant associations and metamorphoses that the perceived body parts undergo in one's own brain as a revolving, incessant stream—as an object this volumetric form has to contend with a certain finitude. The body of the sculpture comes to a sudden halt on its own surface; it is surrounded by something completely different. And the nearest body to it—one's own—very much constitutes a world of its own. Moreover, it is not only externally that this clay individual is abruptly cut off, for it is at one remove from everything else, and even our touch—a gesture of longing immediately colored with loss—only momentarily alleviates this situation. By the same token the glaze and the top surface of the clay also mark an ending. Looks and thoughts cannot penetrate any further than this; just blind, dumb material. Why this feeling of exclusion and limitation in conjunction with a piece of sculpture—maybe it is not the same in the case of a treasured item used day in day out, an object that creates connections because it goes through many hands, or particular hands, because it has a practical purpose? Is it due to the shape of the figure, its similarity to a human form, its bodily presence and solid stance on the ground, in other words, the Here and Now of the sculpture that lacks just one thing: movement, the ability to reach out into time?

At this point at the latest our gaze turns to the other métier of Leiko Ikemura, to painting. And strange to say: although, as in the sculptures, single figures are so often the focus of her paintings and one would be hard put to give them a name, the paintings increasingly do all they can to go beyond the limits of these bodies. Like useful reminders the forms of these beings and things stand there in the space, legible, but no longer as self-contained entities and semantic authorities. For the translucent fields and clouds of color on and in the fibers of the canvases gently urge them out beyond the limitations of their own depths and contents. The signs for girls, horizons, and bays seem somehow volatile, mutating from a solid state into something fluid or gaseous, one might say. Form as meaning seems to be entering into a kind of atmospheric motion, although the result is less a metamorphosis than the introduction of new extended form into the original one. It could be described as cohabitation, the co-existence of a still representational form with a particular state, a feeling or a fundamental disposition. In the figure of the reclining girl we see something akin to sleep, dreaming, a sinking into the world, reflecting the feelings of the painter and of the viewer. And the sea horizons convey the idea of letting the world simply stream through one rather than constantly trying to name and to order it. And in the paintings with figures that are somehow bafflingly tied into nature, a sense emerges of everlasting dependence and existential confrontation.

The movements that pervade things and states in these paintings by dint of fluid-looking colors never only progress in one direction. The figures are not just the starting points or conduits for feelings; pure feeling and thinking and wanting take one's gaze back again to objects and individuals. The timeline loses its rigor, that inexorable before-now-later, with the main event always apparently still about to occur. In Ikemura's paintings and sculptures time reaches out on all sides, or rather, it becomes duration. "Now, it is of the very essence of duration and motion ... to be something that is unceasingly being done." (Henri Bergson). This may also account for the impression that none of her works may ever reach an end state, that there is always yet another similar, developing formulation in the next—or maybe in the previous—painting. Duration and becoming are far from mutually exclusive here.

Untitled, 1990

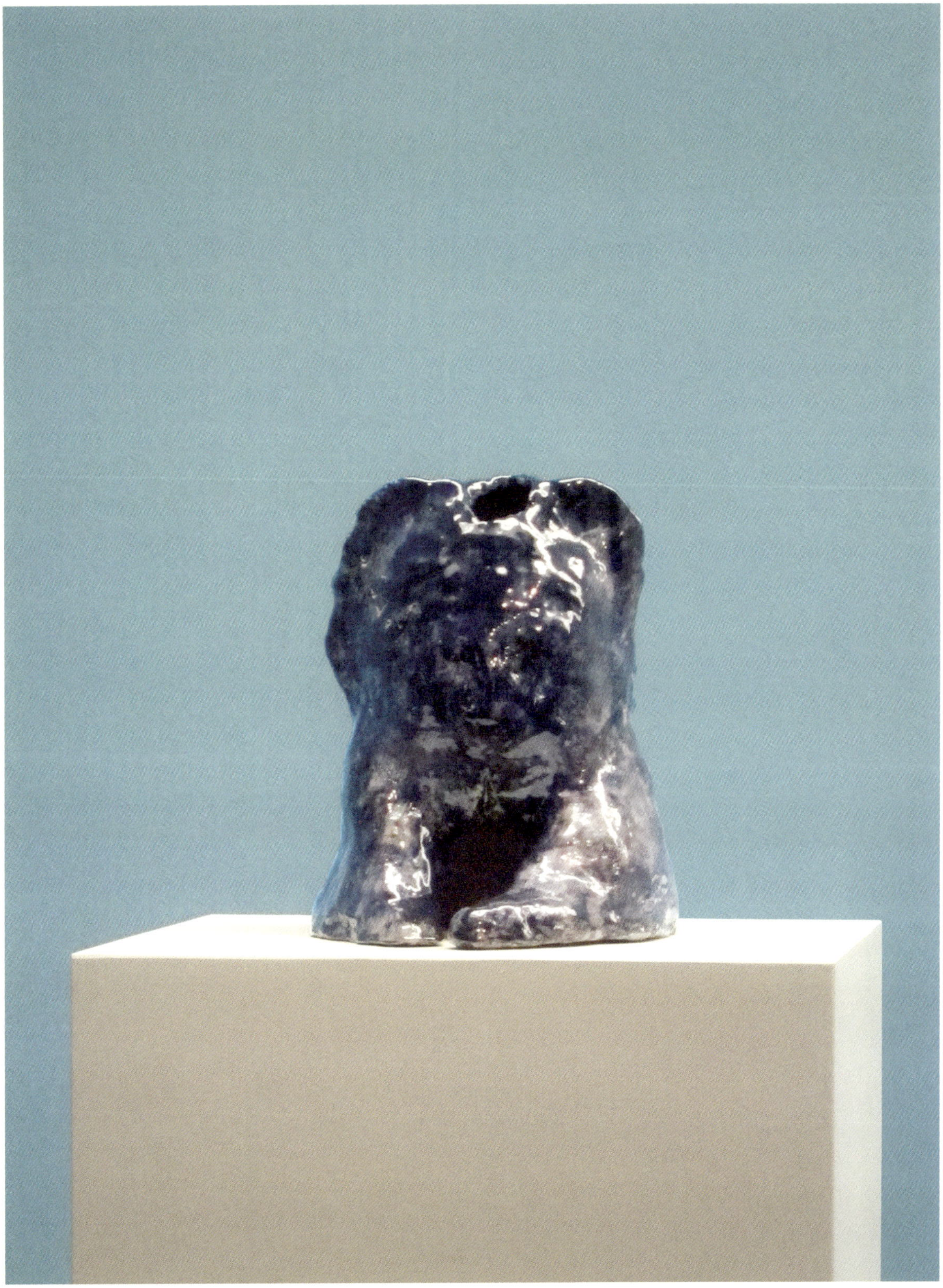

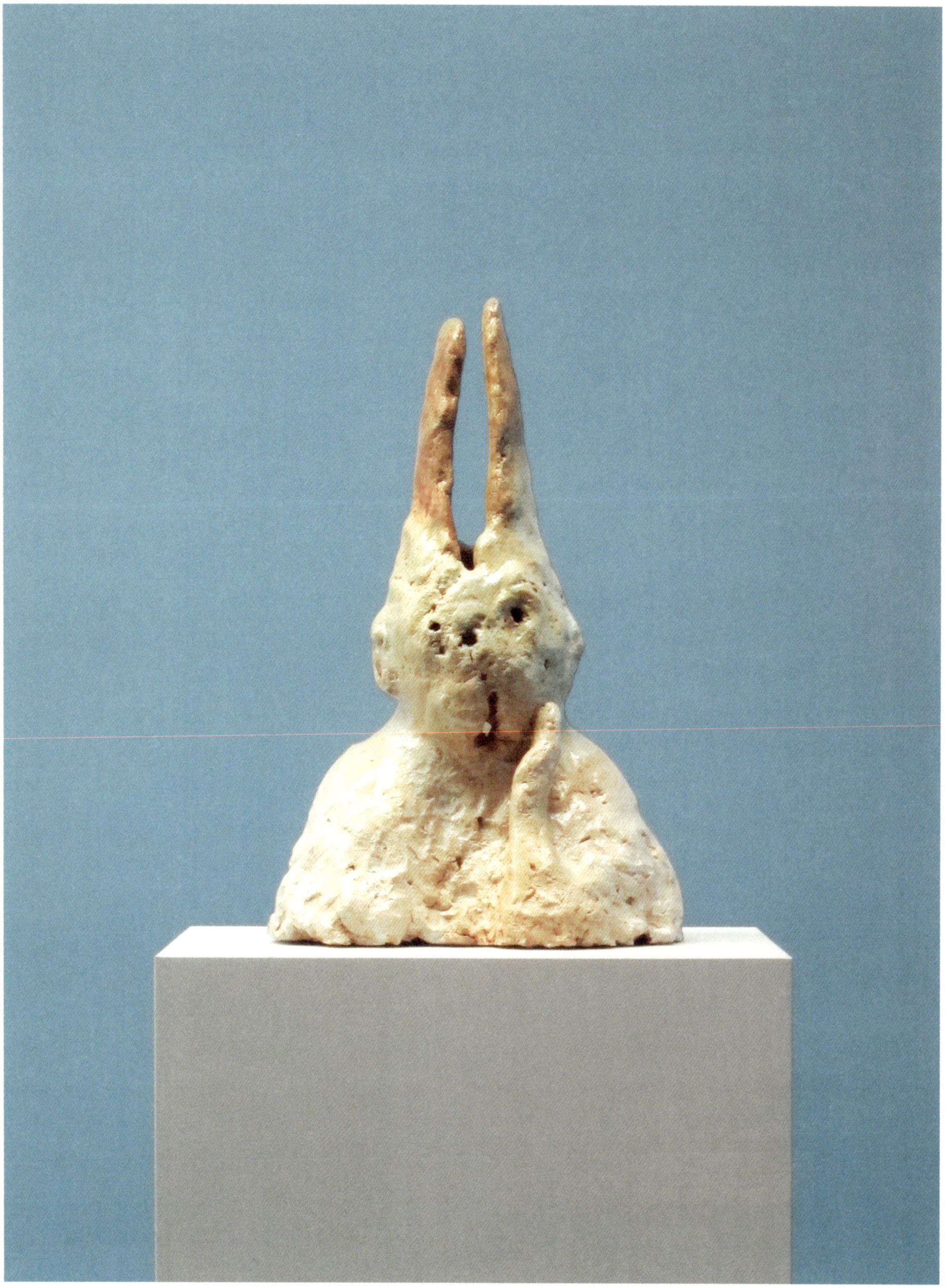

Sitting Hare with Hand, 1994

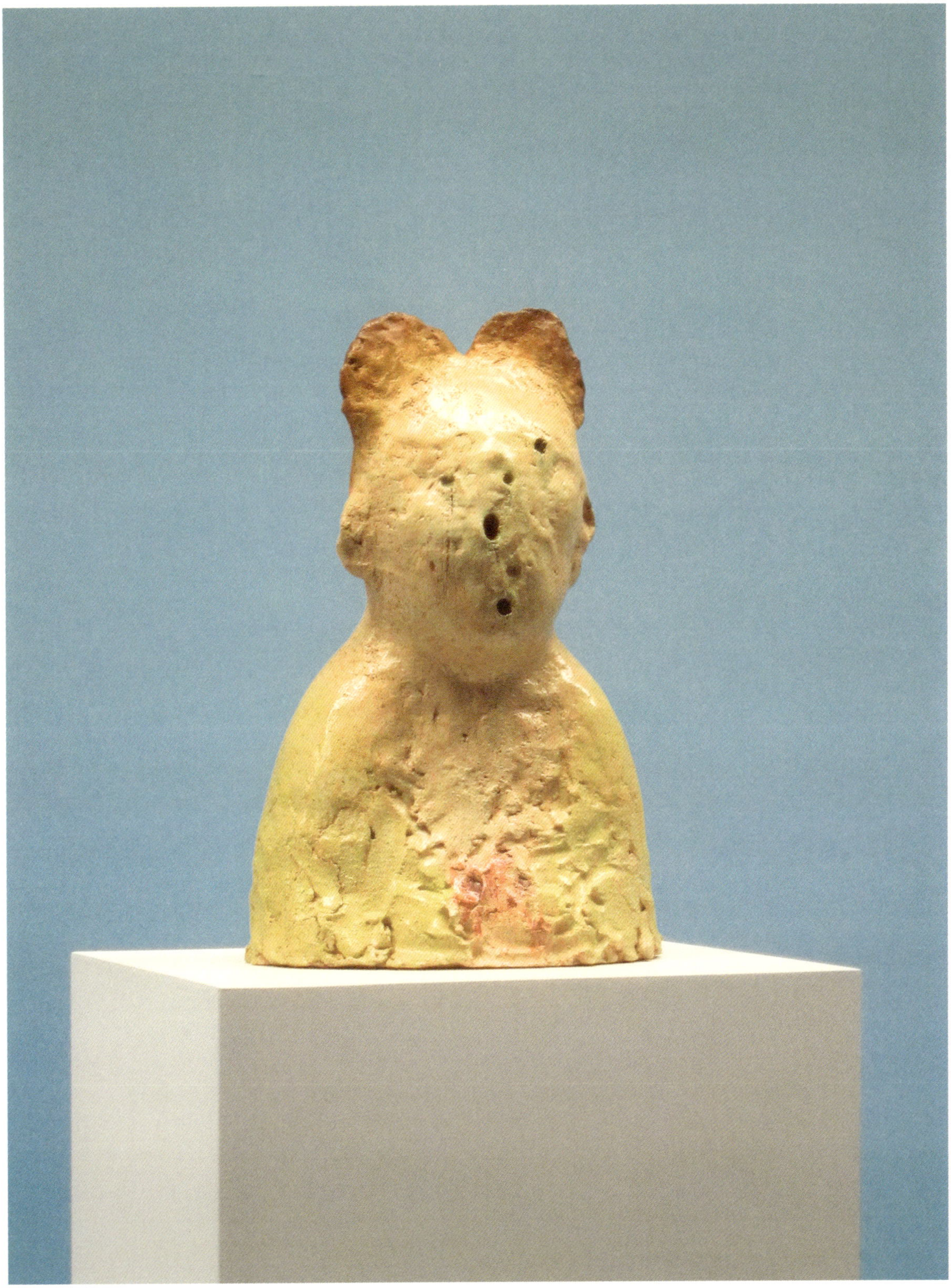

Brown Ear (Archly), 1993

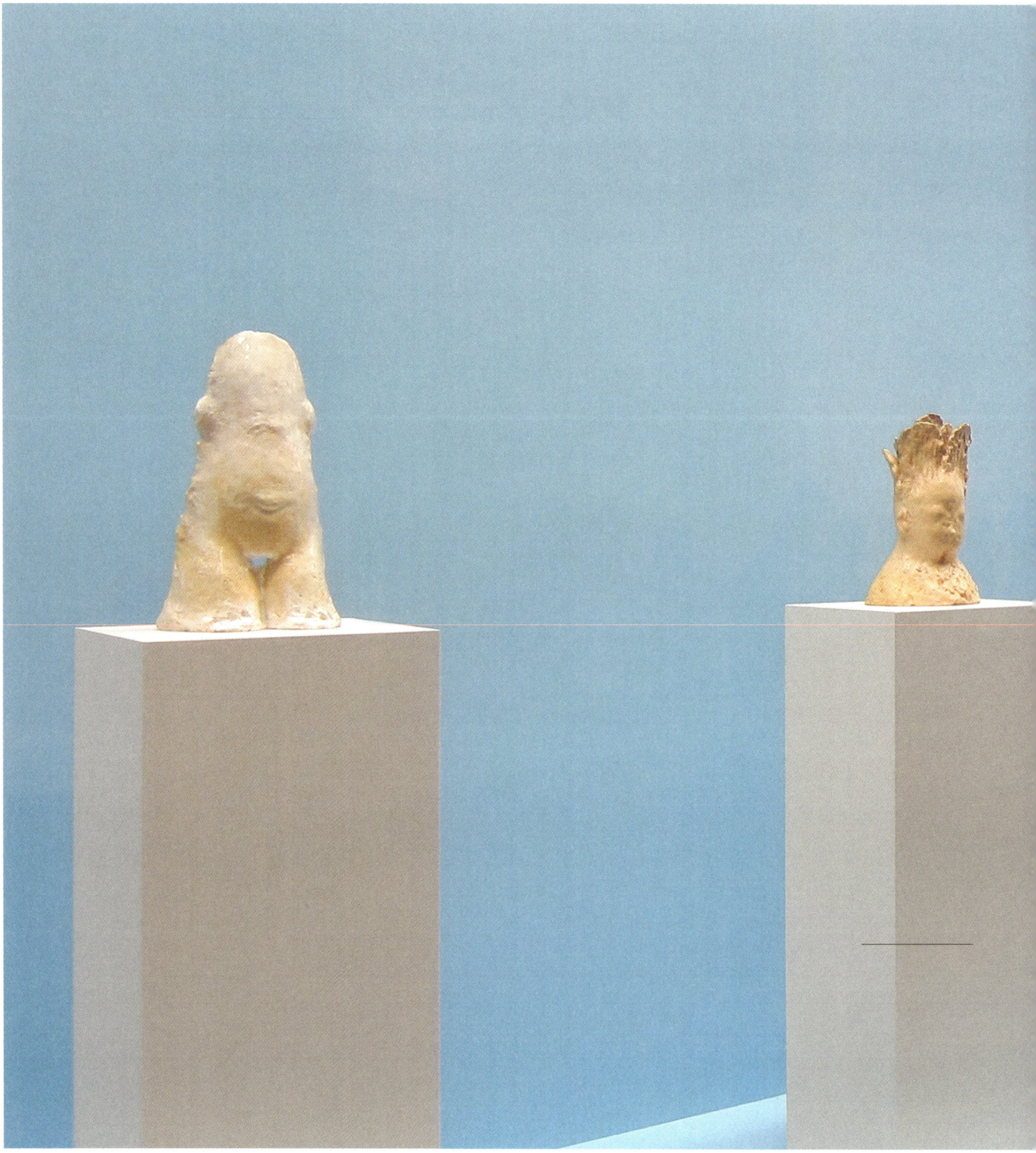

Installationsansicht/Installation view, Mie Prefectural Art Museum, Mie, 2011

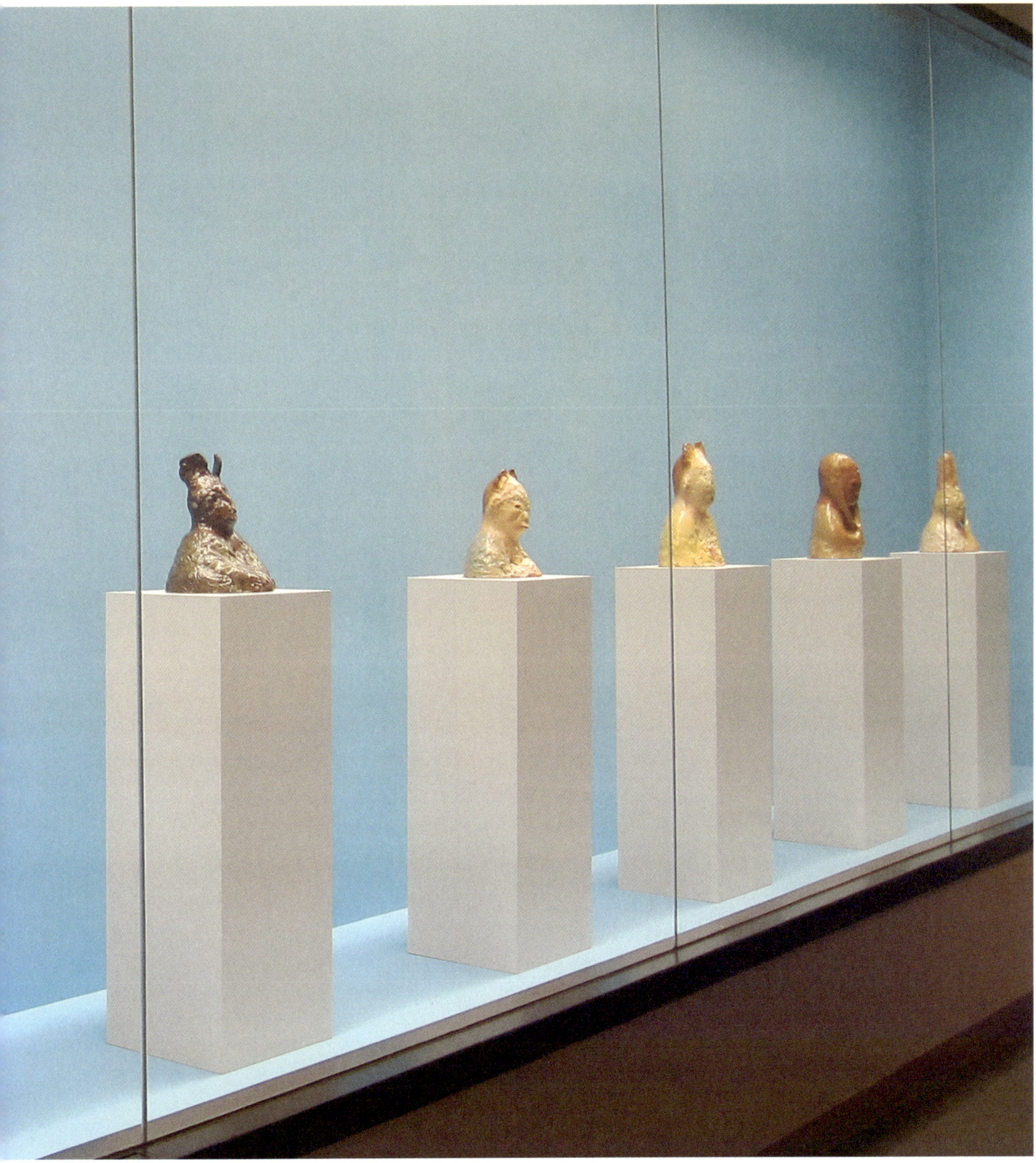

Bluescape, 2009

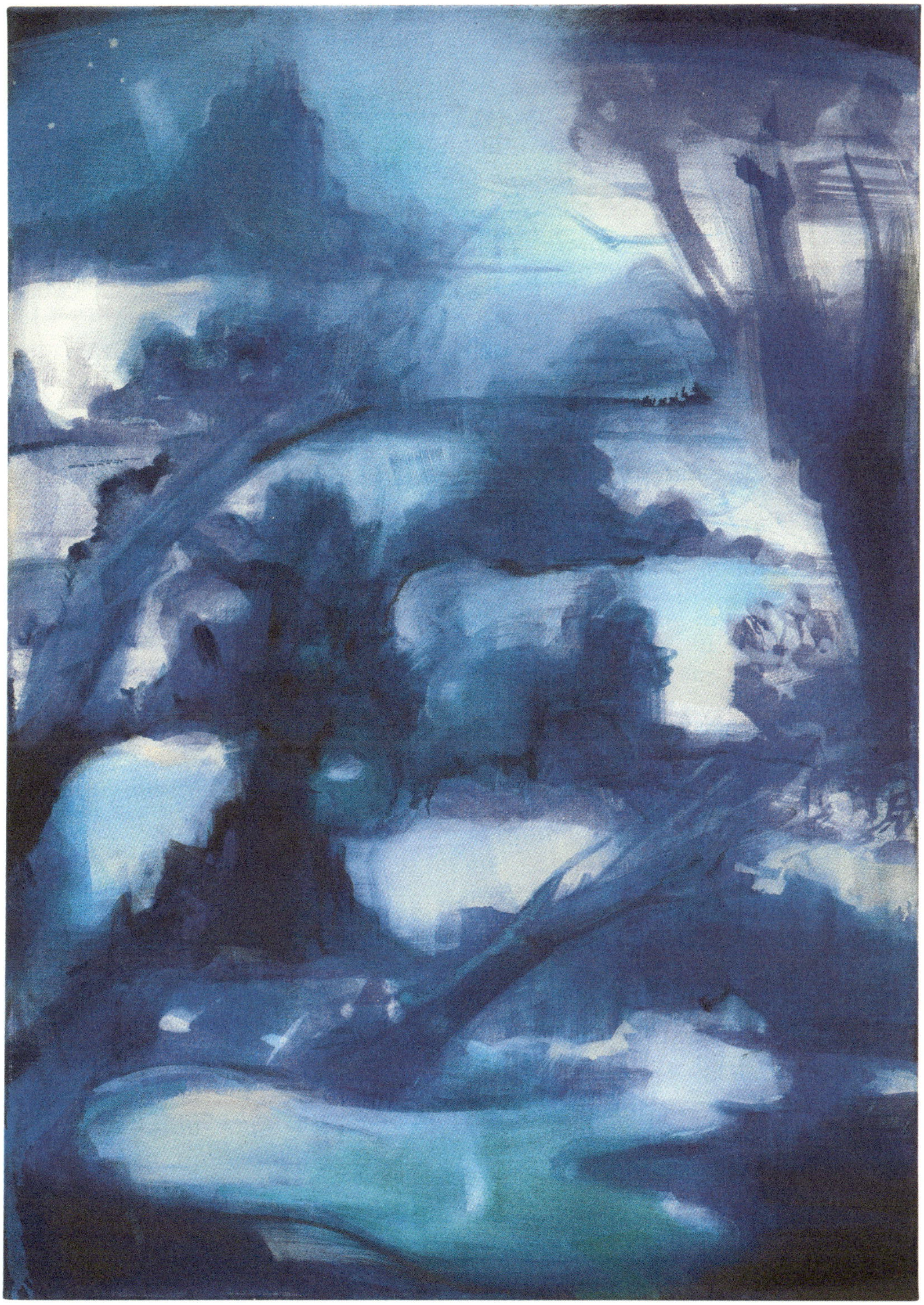

silberner fluß, goldene berge
abgeschnitten vom menschlichen sagen
bin auf die reise gegangen
verloren im nebel

silvery river, golden mountains
cut off from human constraints
I went on a journey
lost in fog

銀の川　金の山よ　きずなを切って　旅にでた私　きりのなかをさまよって

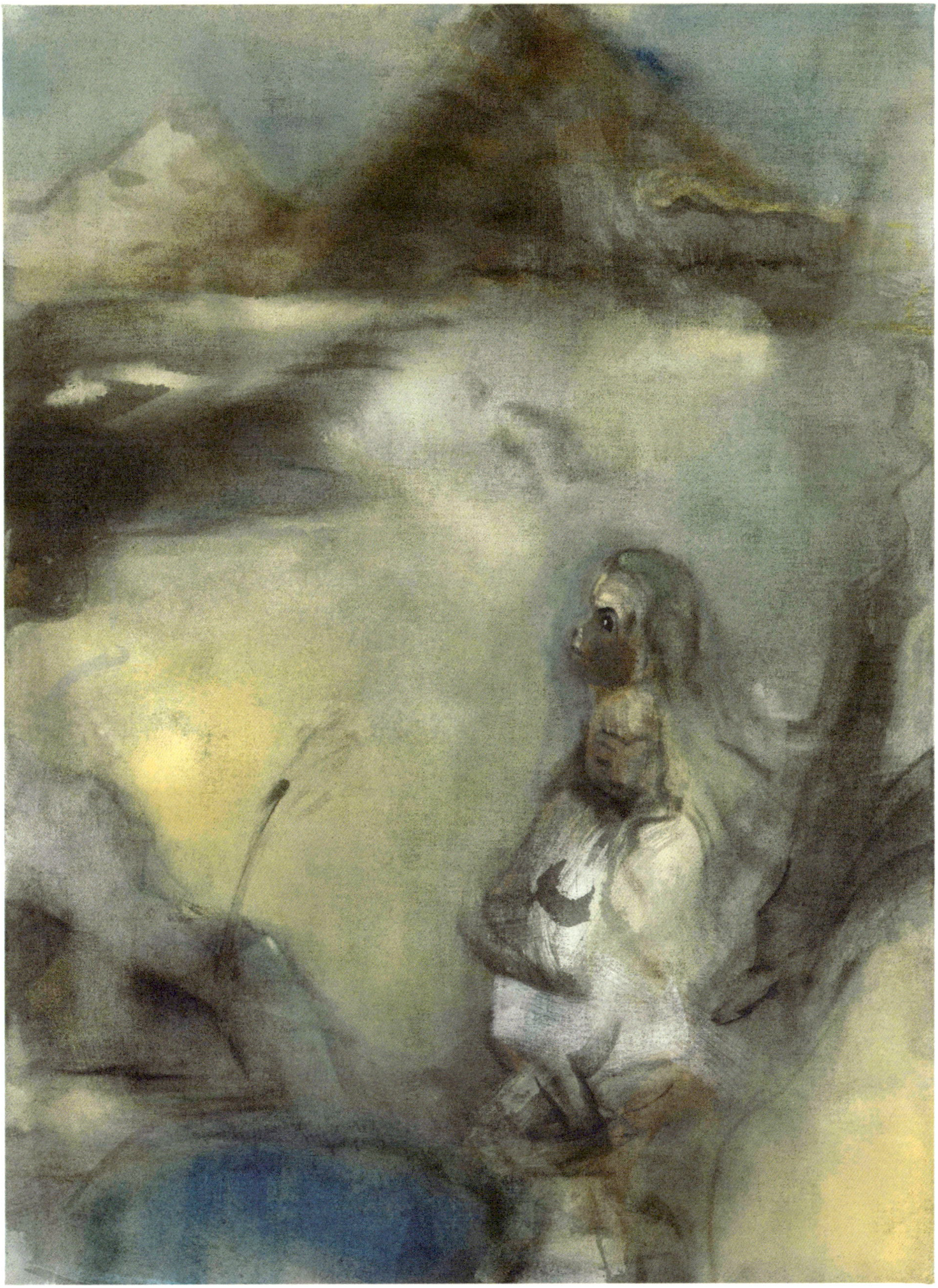

Mare e Monti, 2010/2011

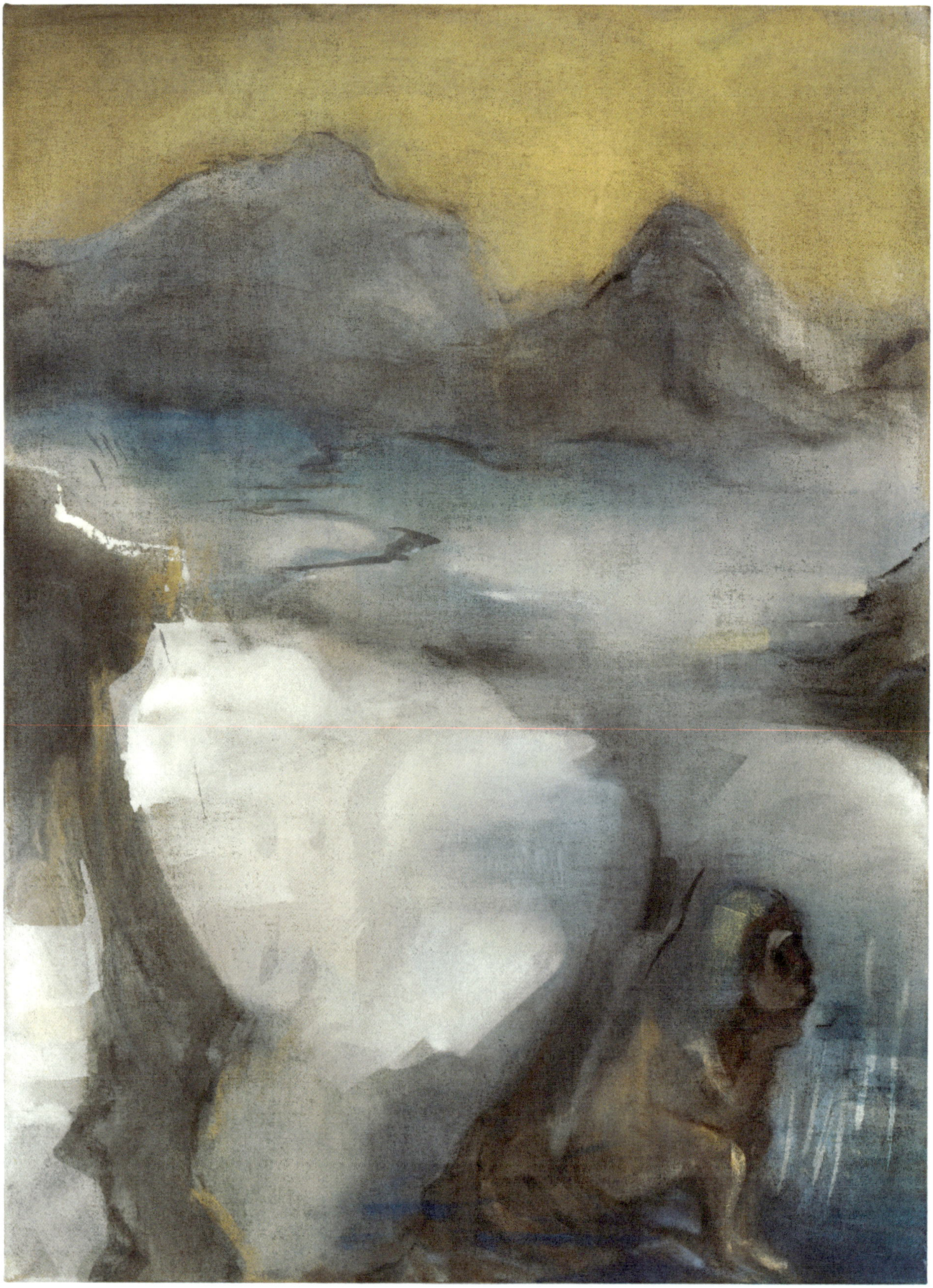

Mare e Monti, 2010/2011

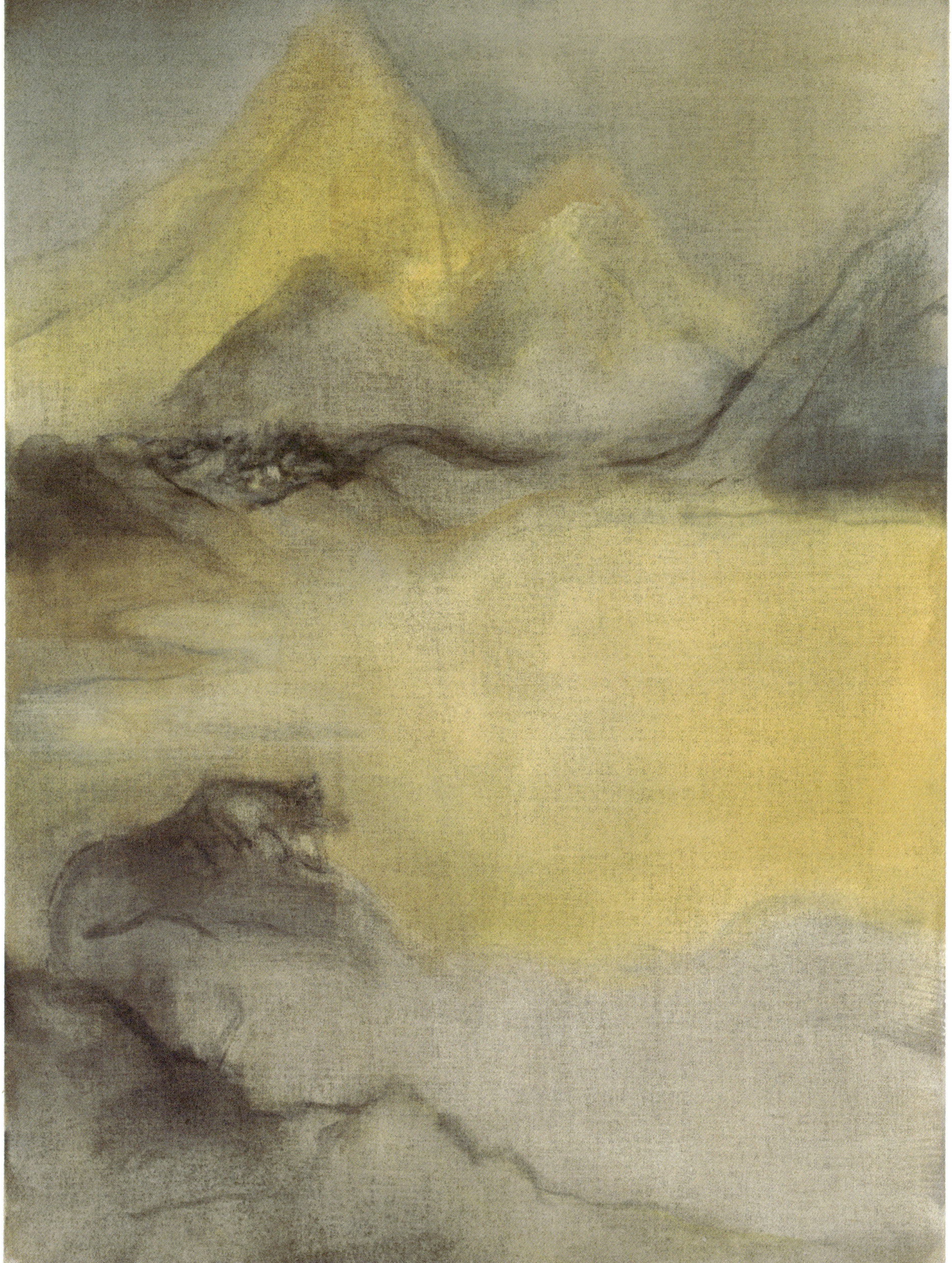

Mare e Monti, 2010/2011

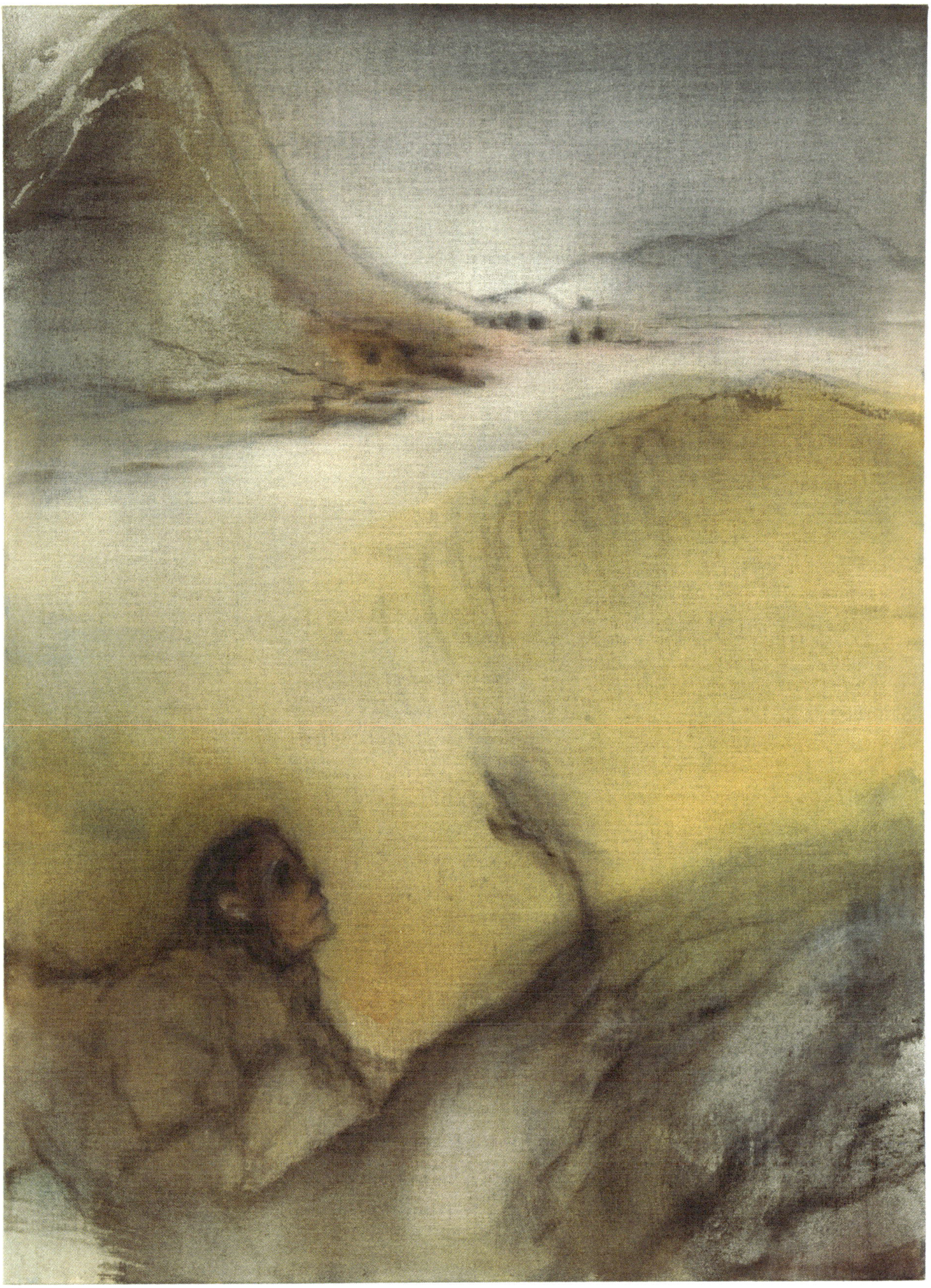

Mare e Monti, 2010/2011

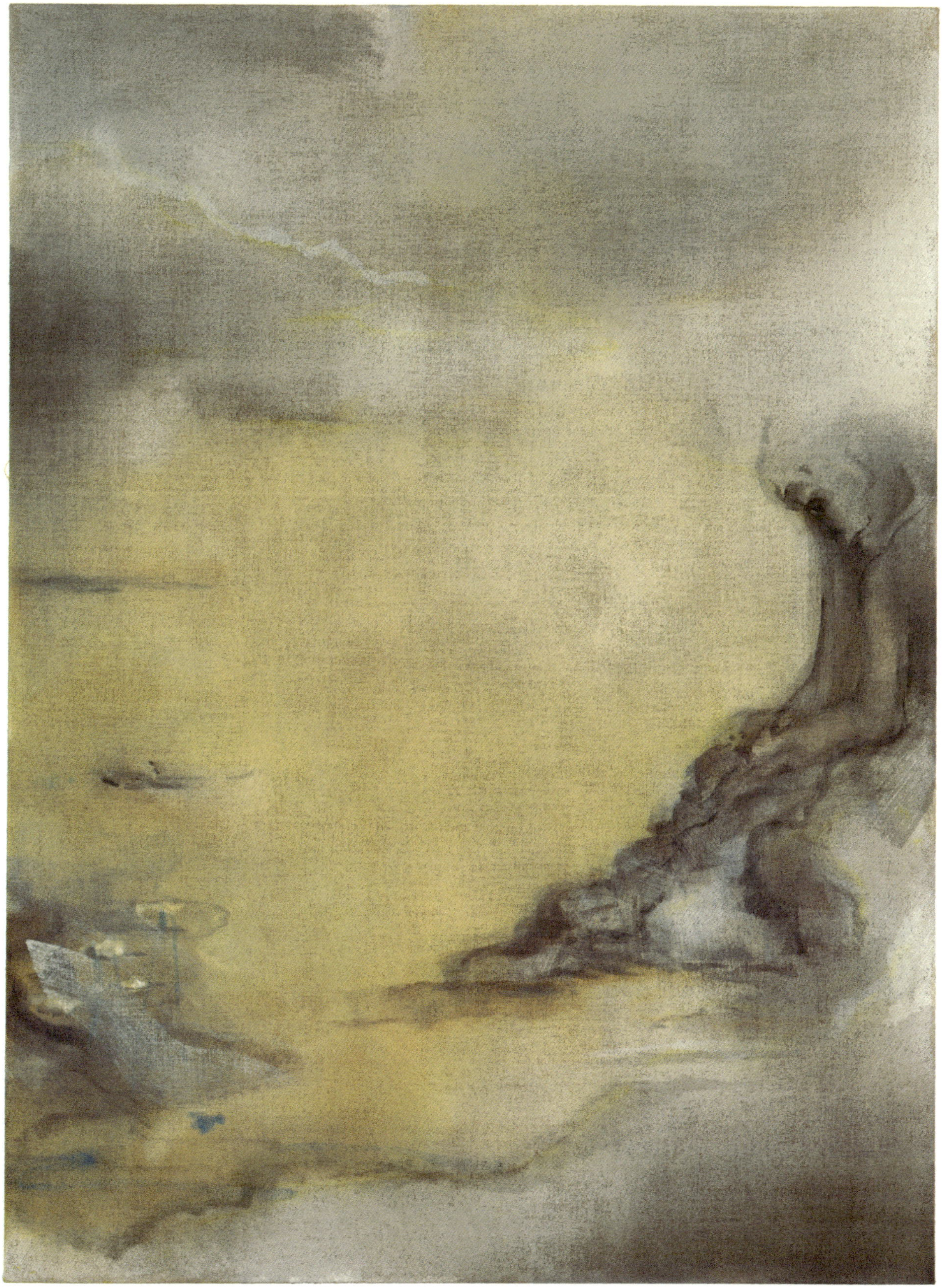

Mare e Monti, 2010/2011

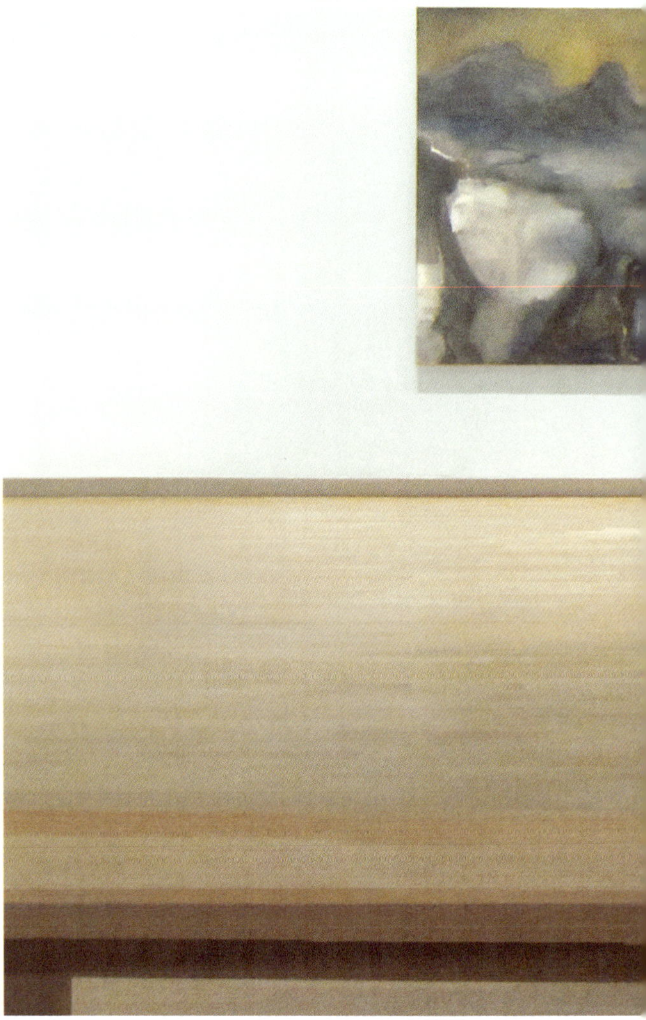

Installationsansicht/Installation view, The National Museum of Modern Art, Tokyo, 2011

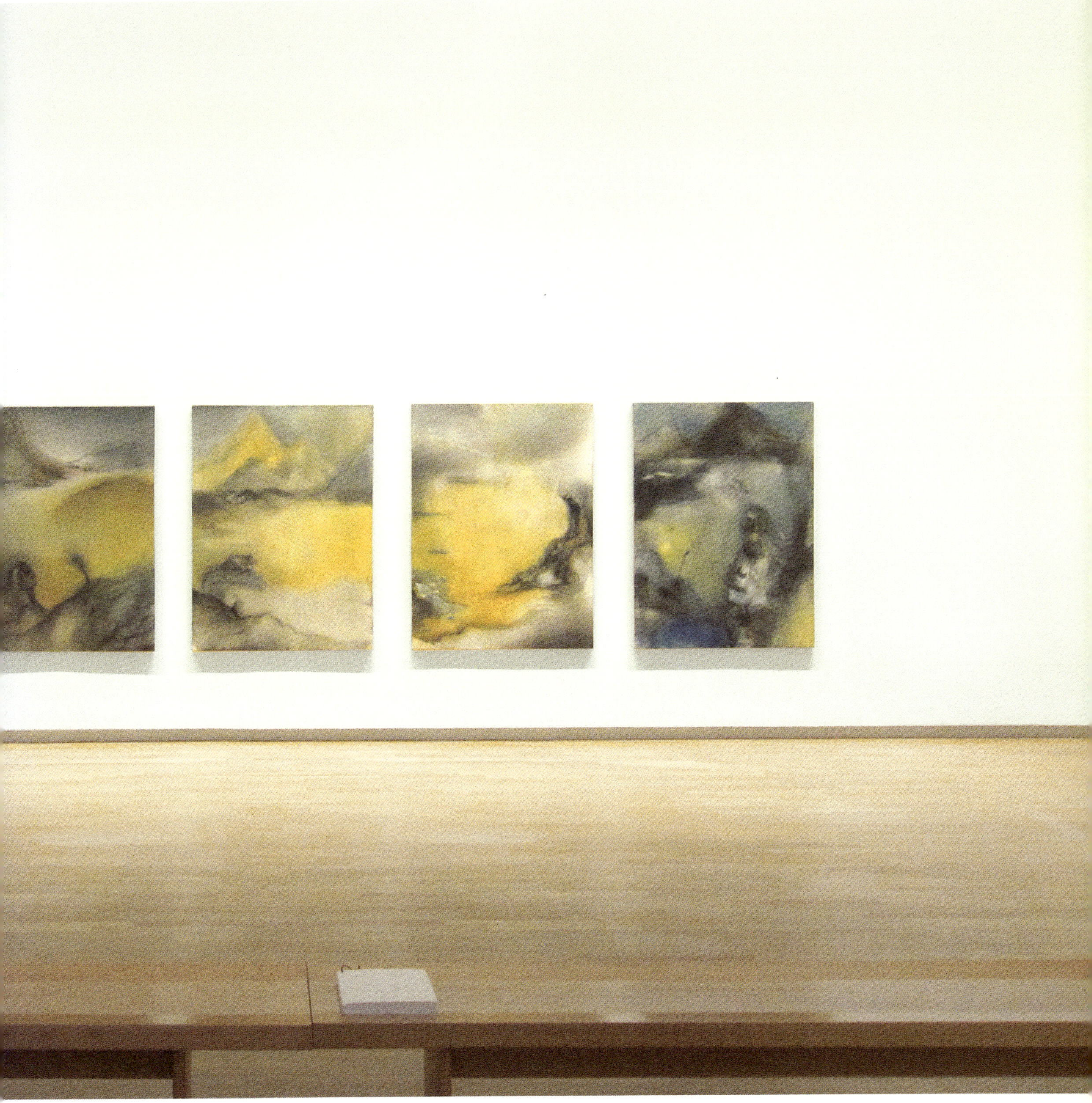

山解けて　骨のあなた　いつおとずれるか　黄金の春

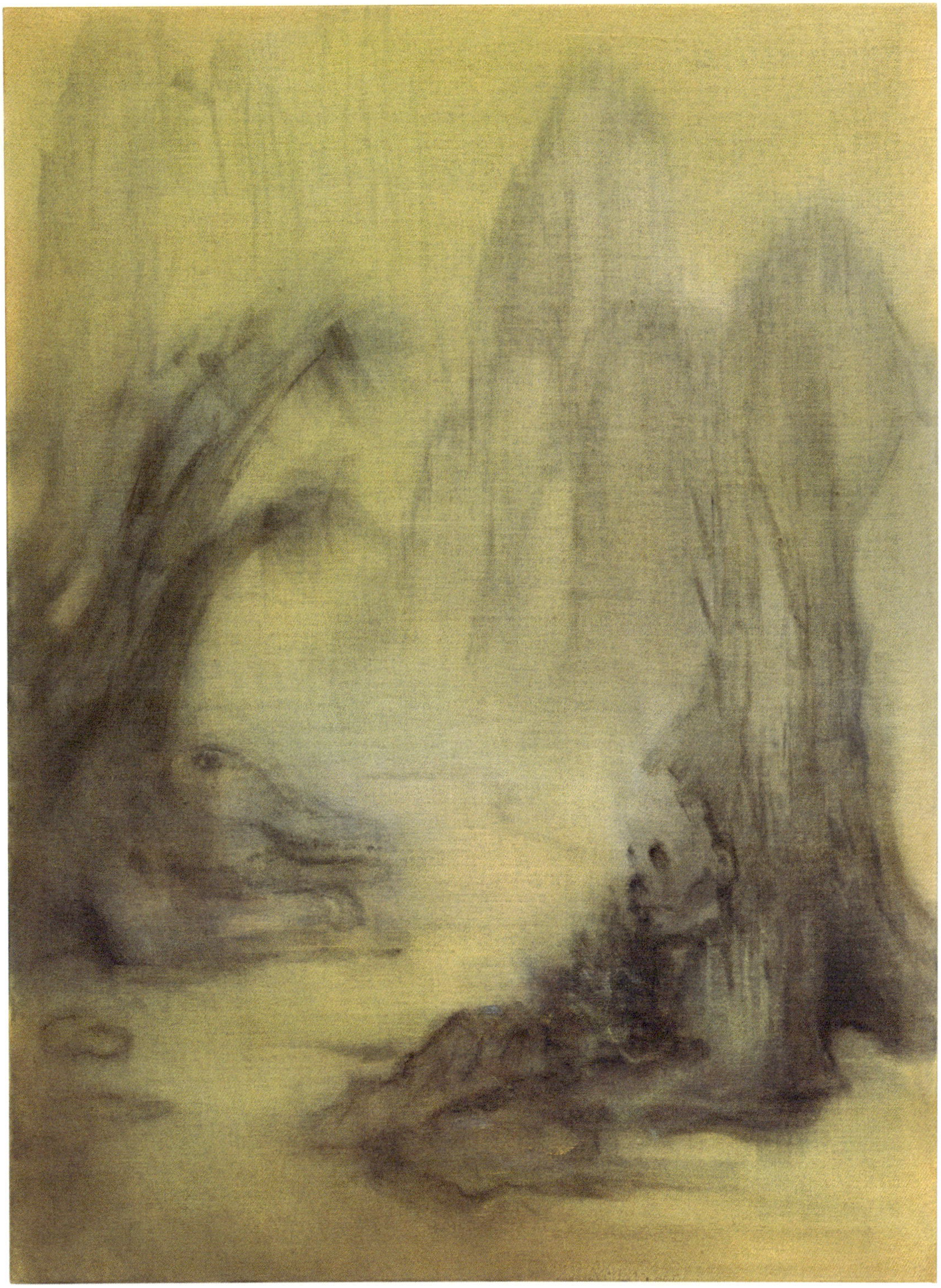

Sansui, 2011

verschmolzen sind berge
du, die knochengestalt
wann kommt der goldene frühling

mountains have melted
you, a figure of bones
when will the golden spring come

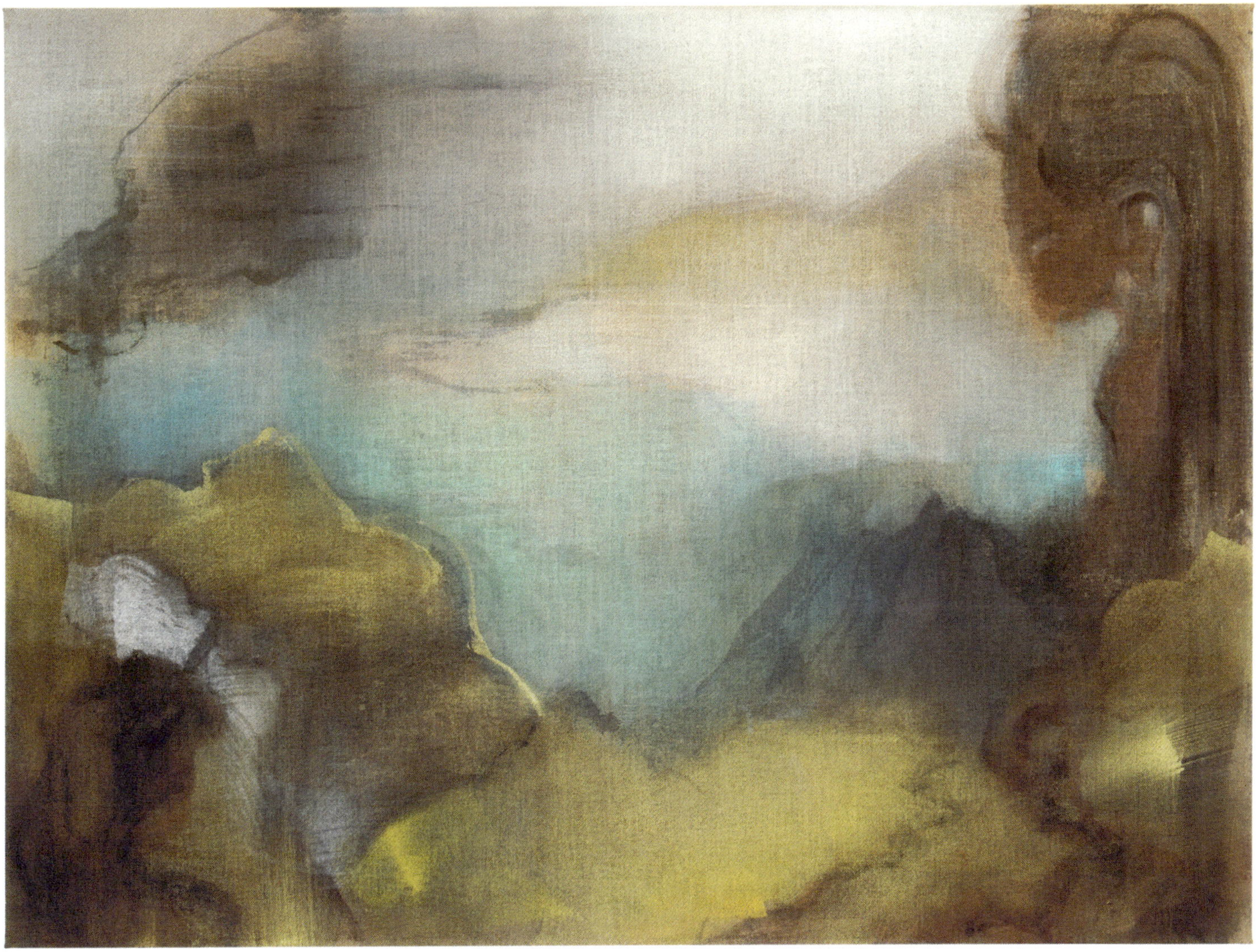

Fu, 2012

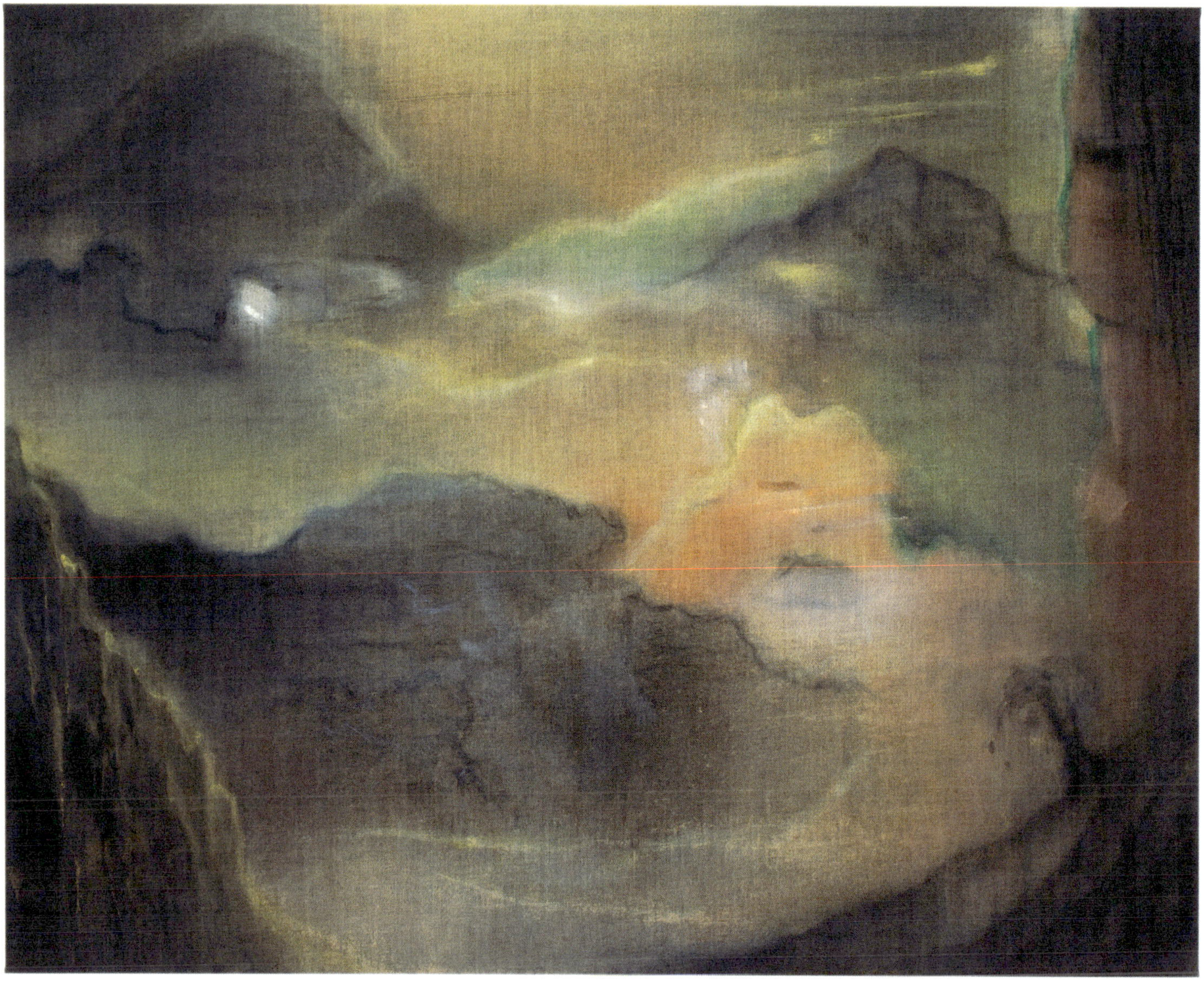

F-Scape, 2012

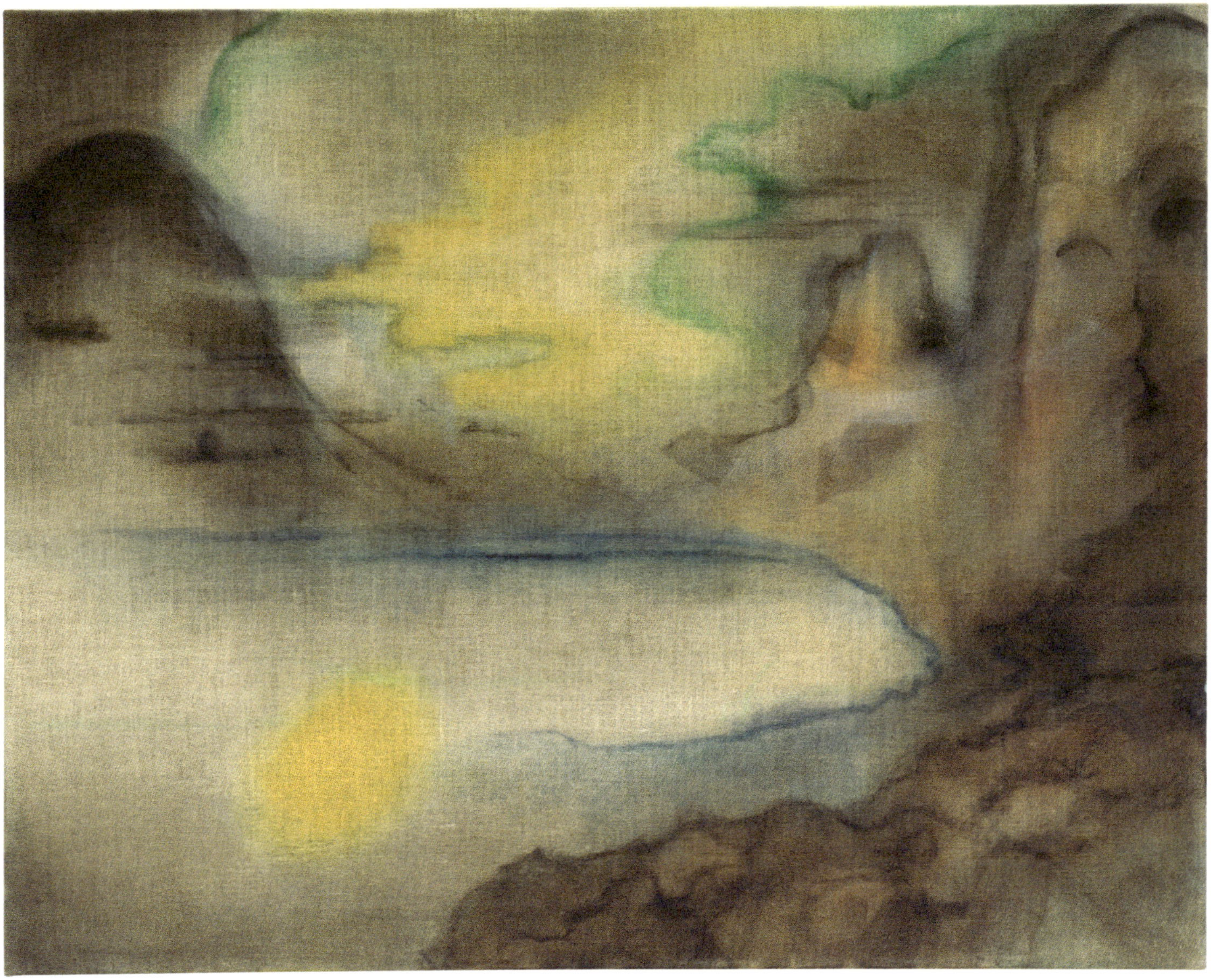

Mountain Lake, 2010/2011

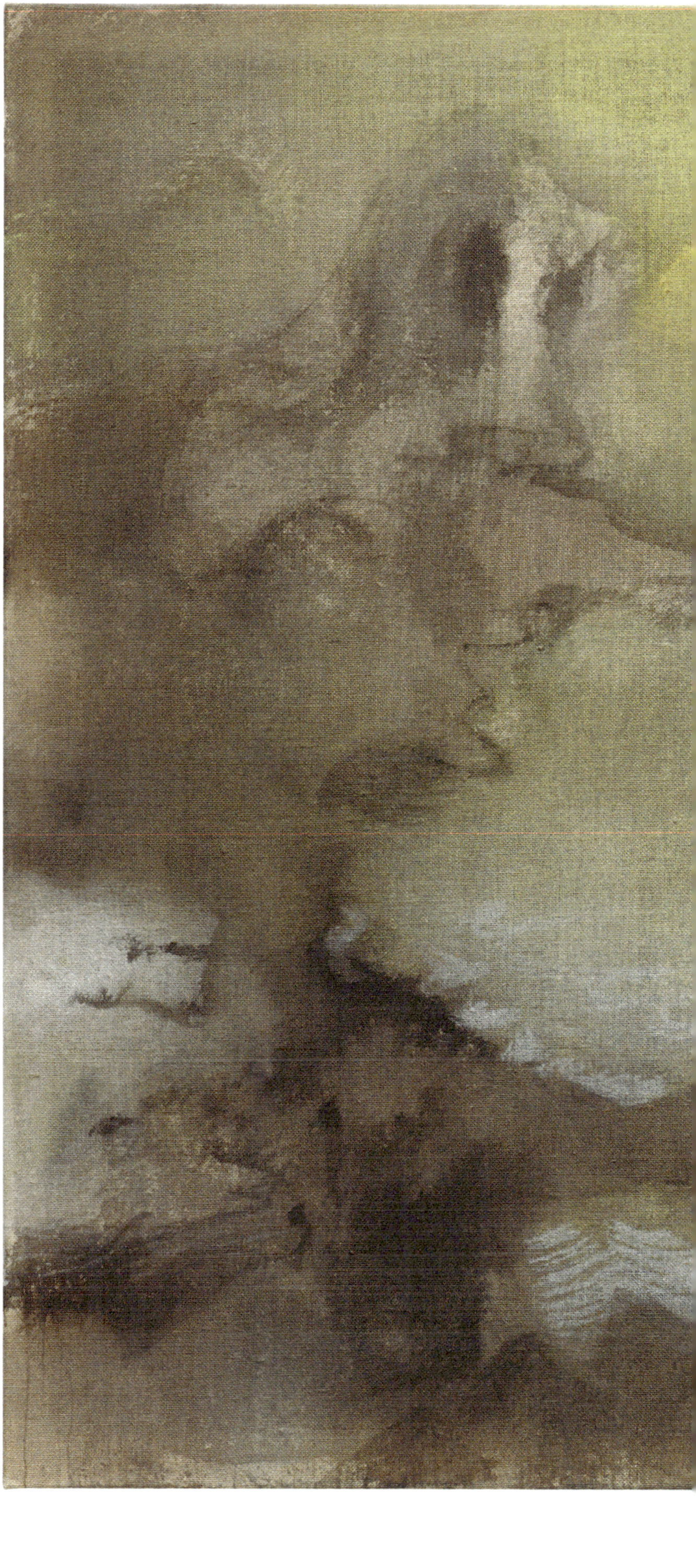

Sansui, 2011

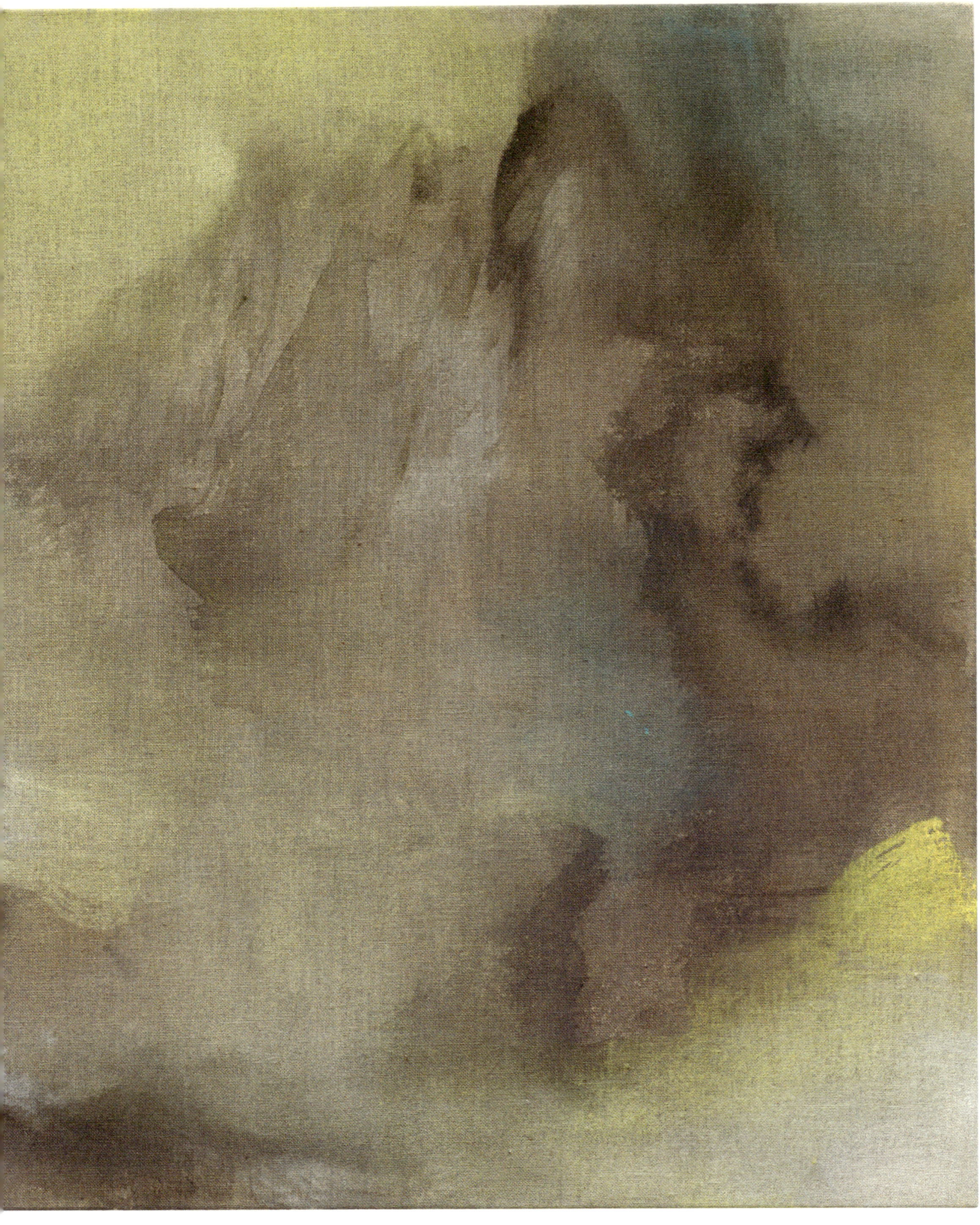

青いいかり　分別のない神様

わたしだって怒ります　いつくるのか　永遠の静けさ

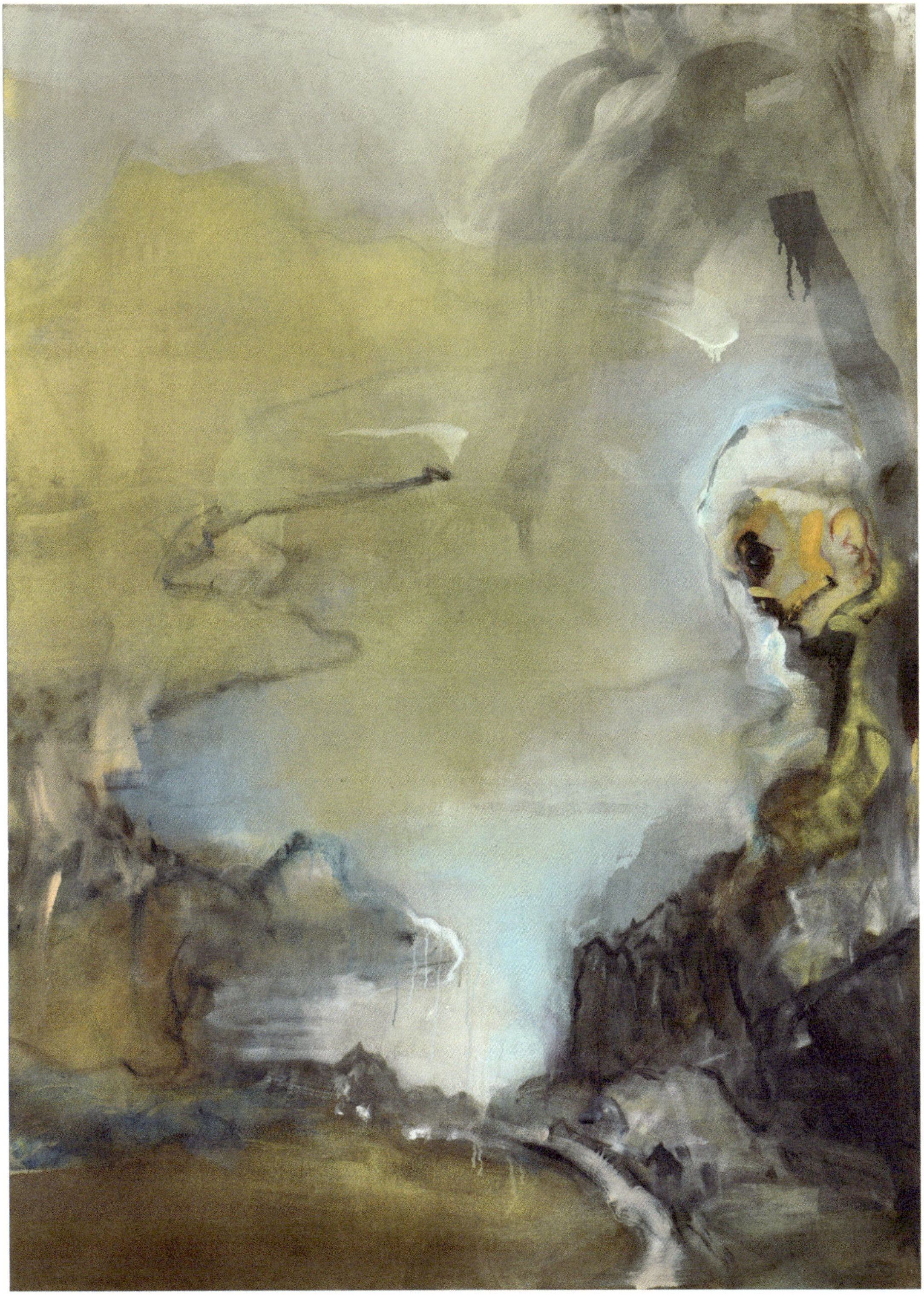

PV-Scape, 2011

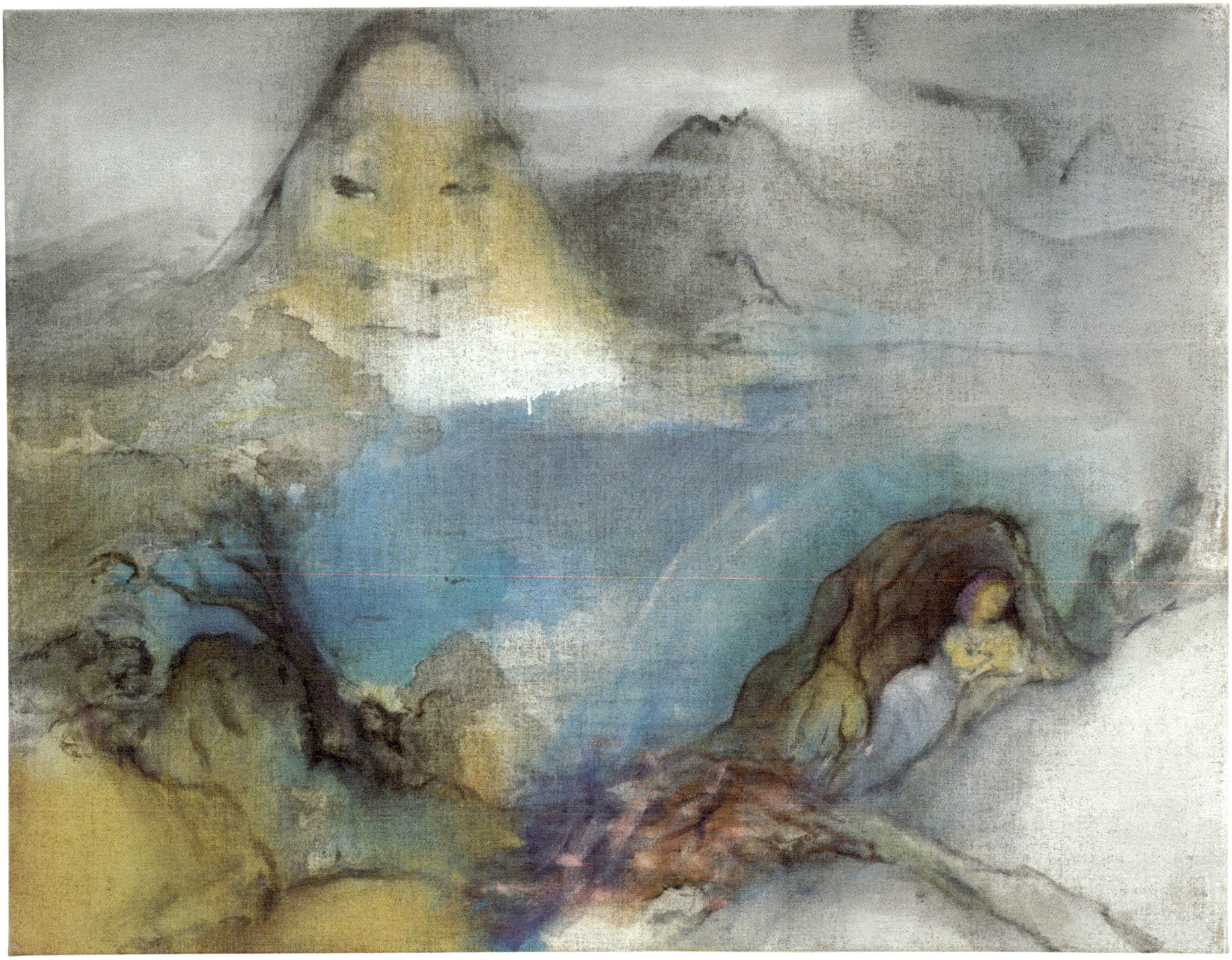

L2, 2012

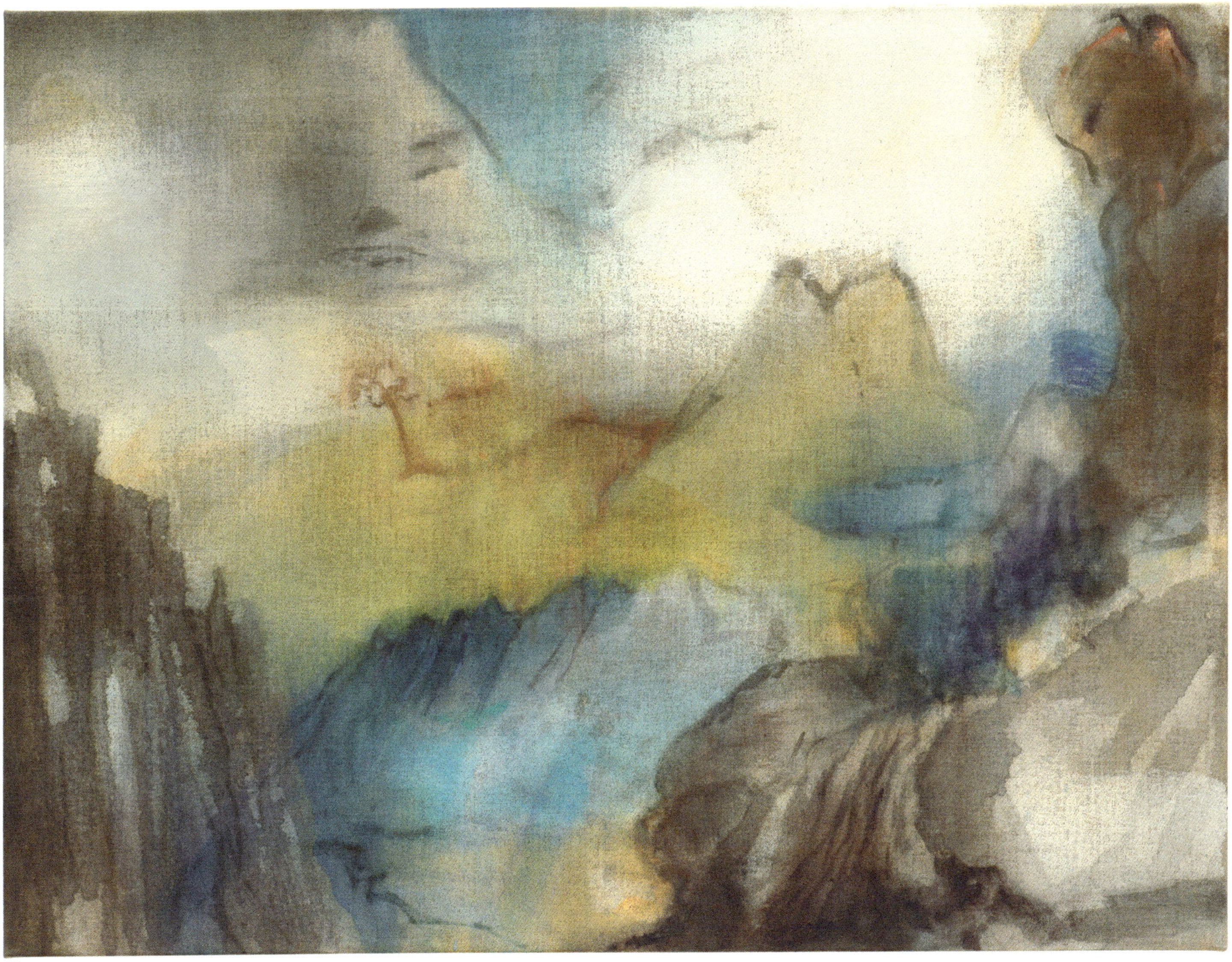

L1, 2012

blaue wut
über den gedankenlosen gott
ich werde auch wütend
weiß nicht
wann die stille der ewigkeit kommt

blue anger
I too get angry about a thoughtless god
not knowing
when the silence of eternity shall come

White Landscape, 2012

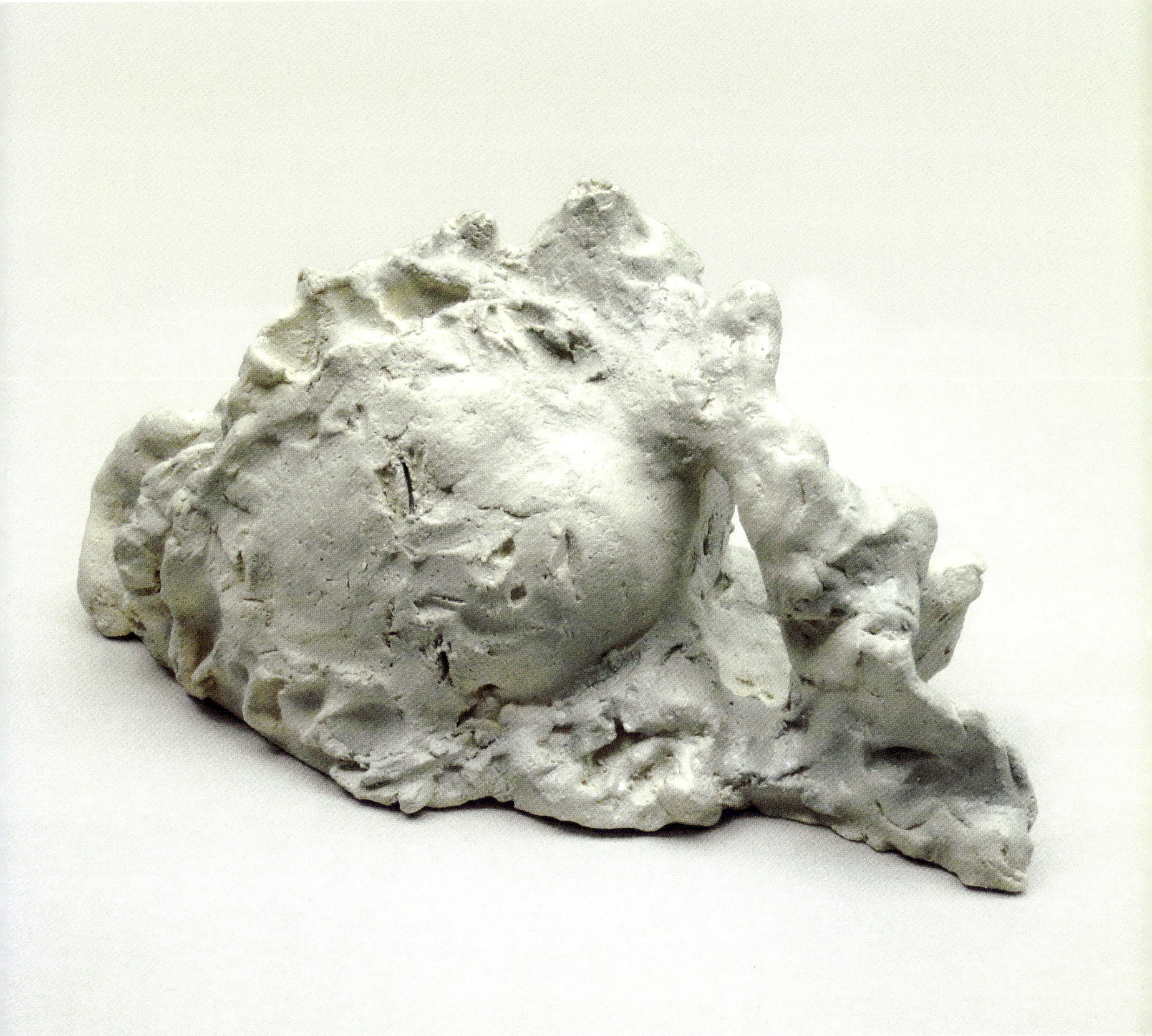

Animascape, 2010

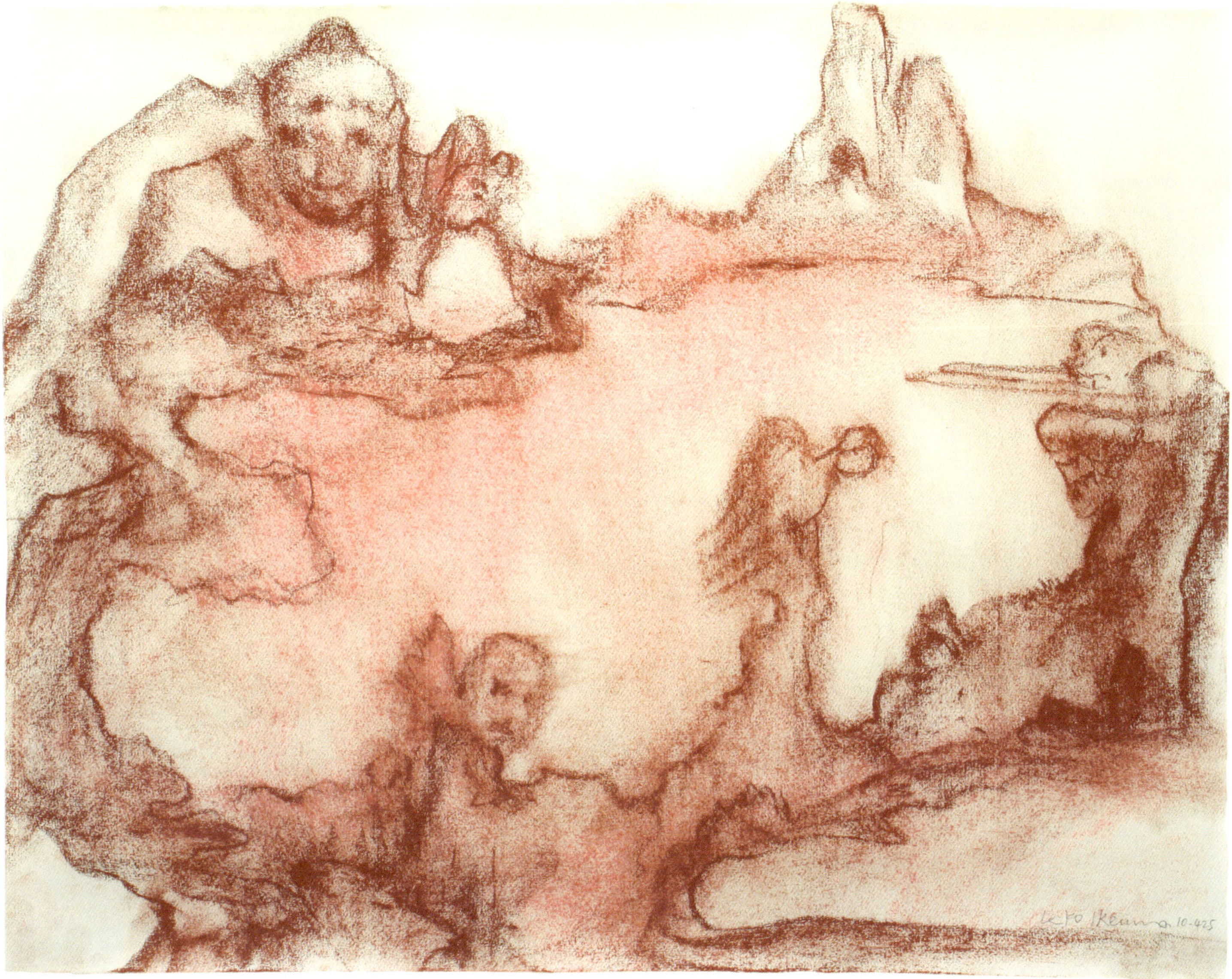

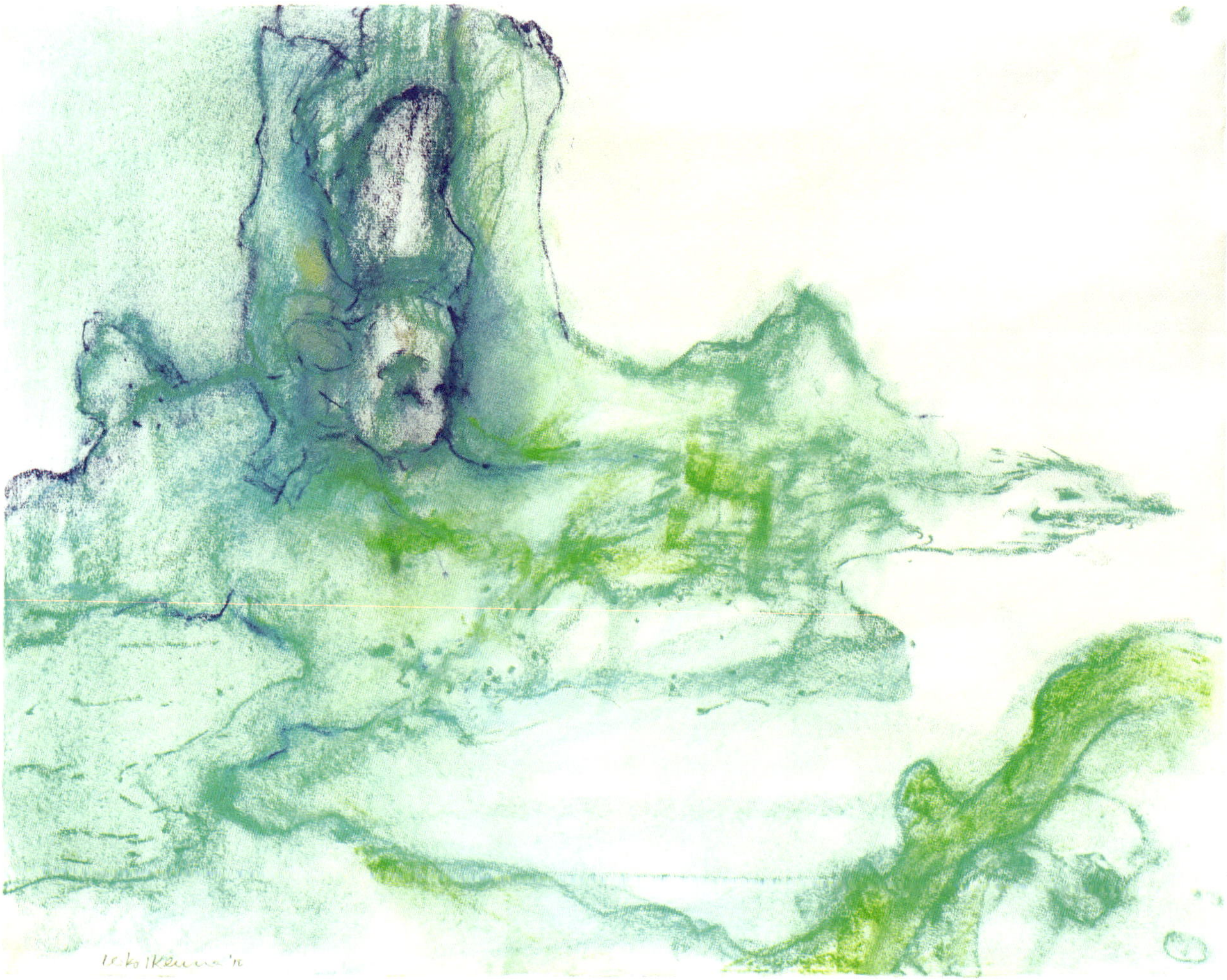

Animascape, 2010

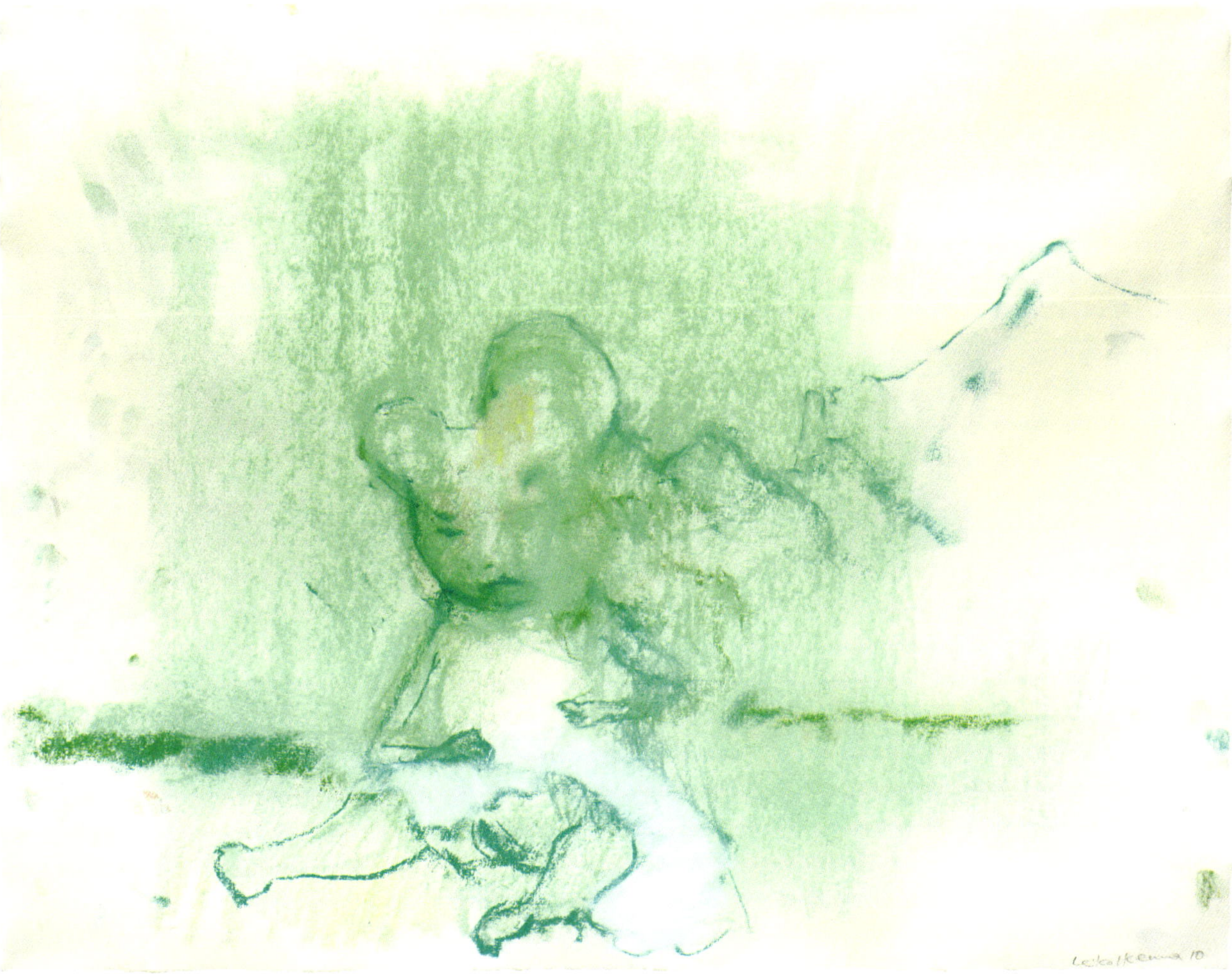

Animascape, 2010

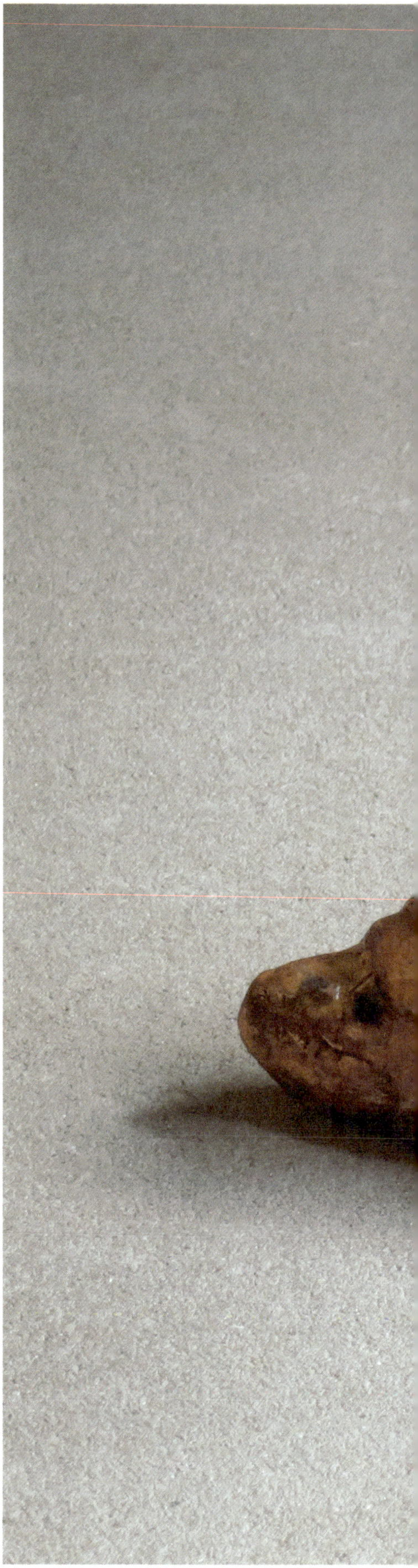

Mountain-Man, 2011/2012

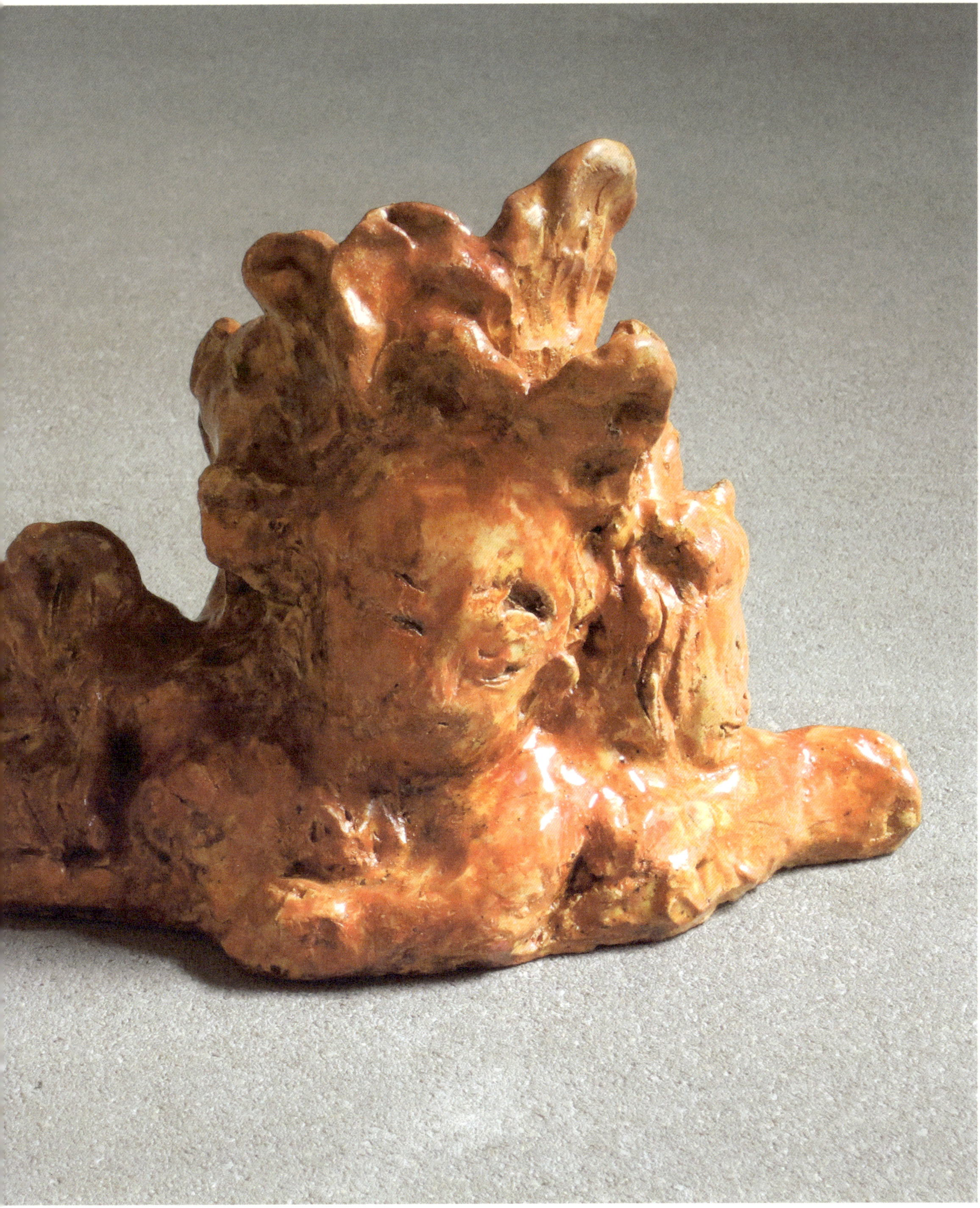

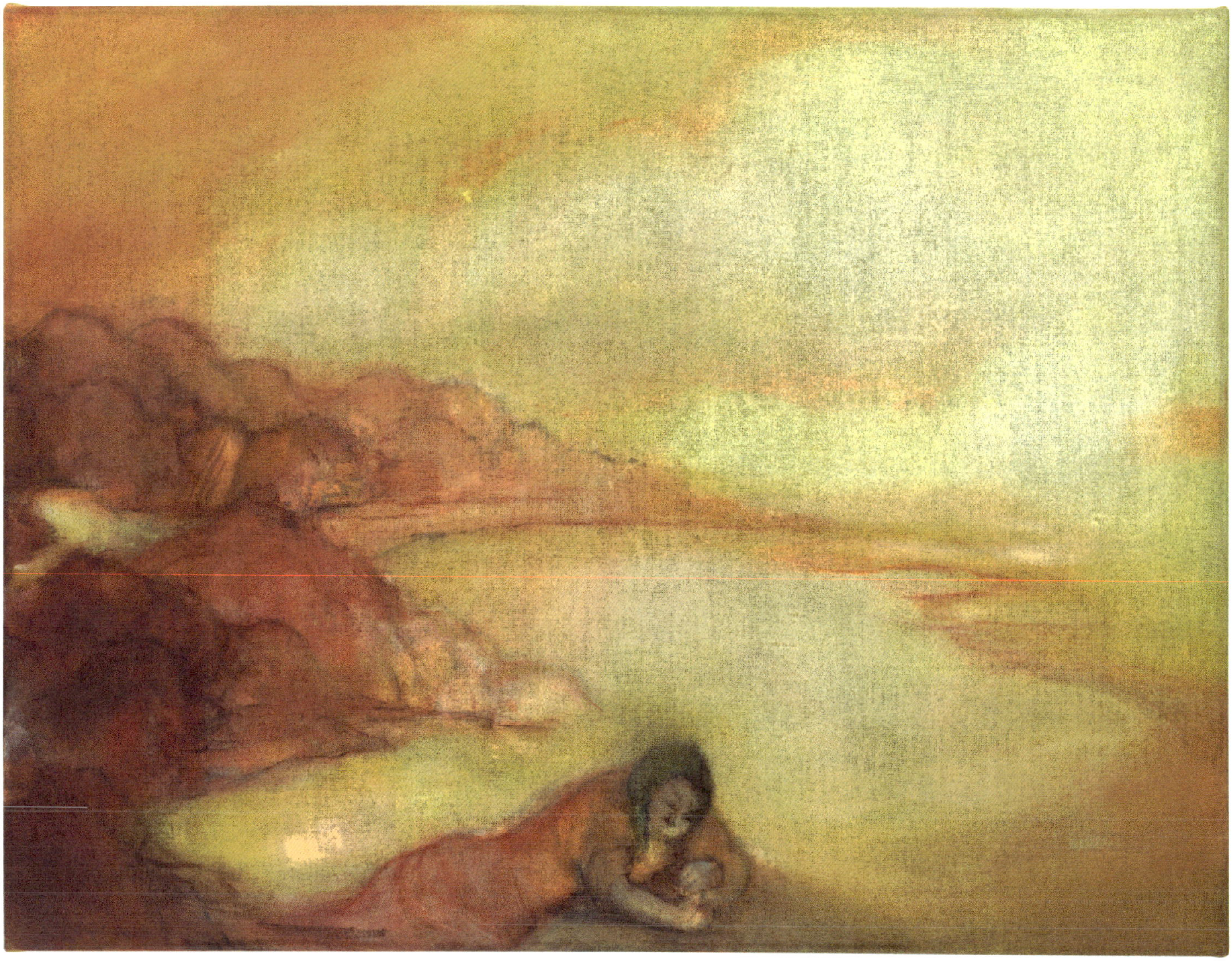

Mandarine, 2010

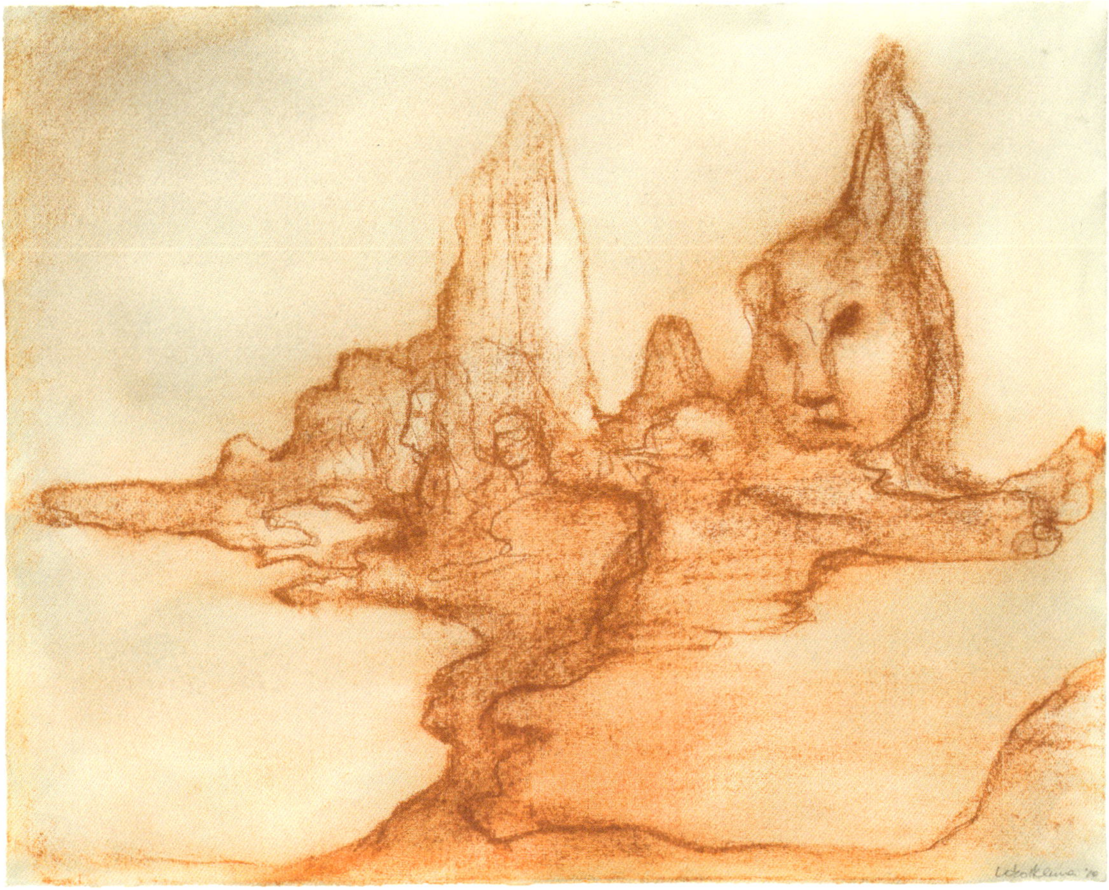

Animascape, 2010

das licht von seen
flüstern von weitem
bald kommt der winter

the light of lakes
distant whispers
winter will soon arrive

湖のひかり　かなたからもうしでるように　ささやいて　もうすぐよ　冬のおとずれ

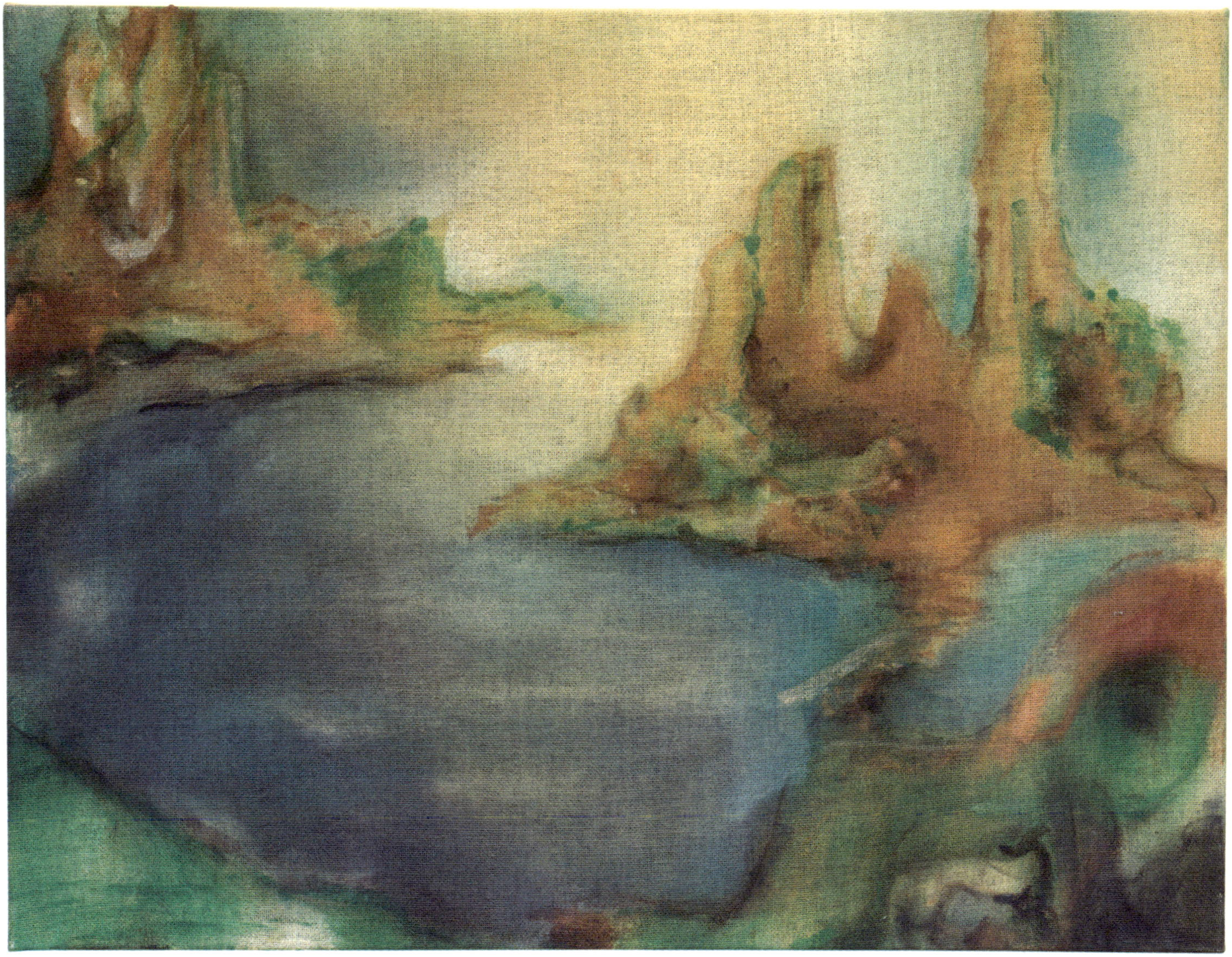

Isola, 2010

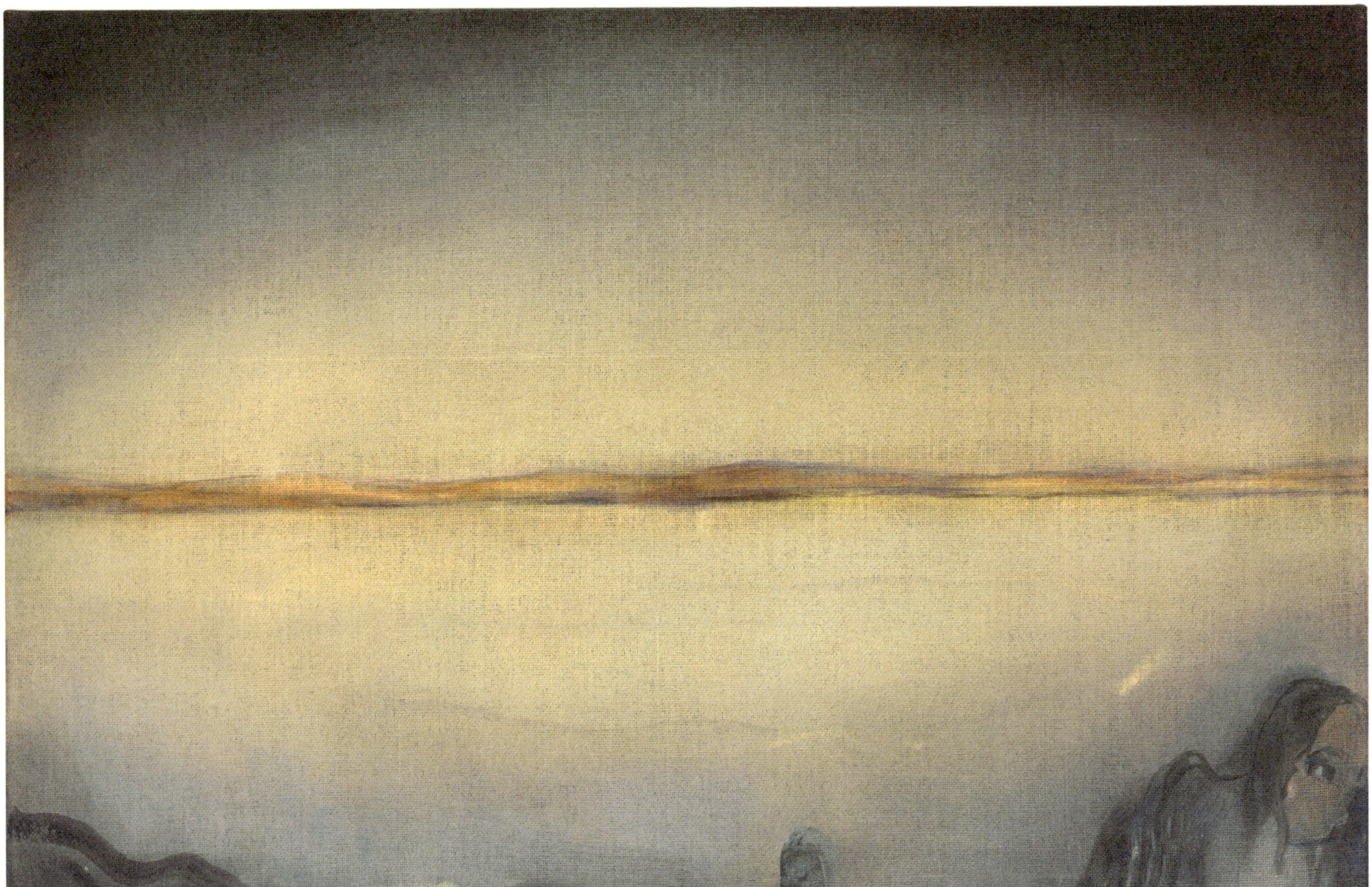

Lago Z, 2008

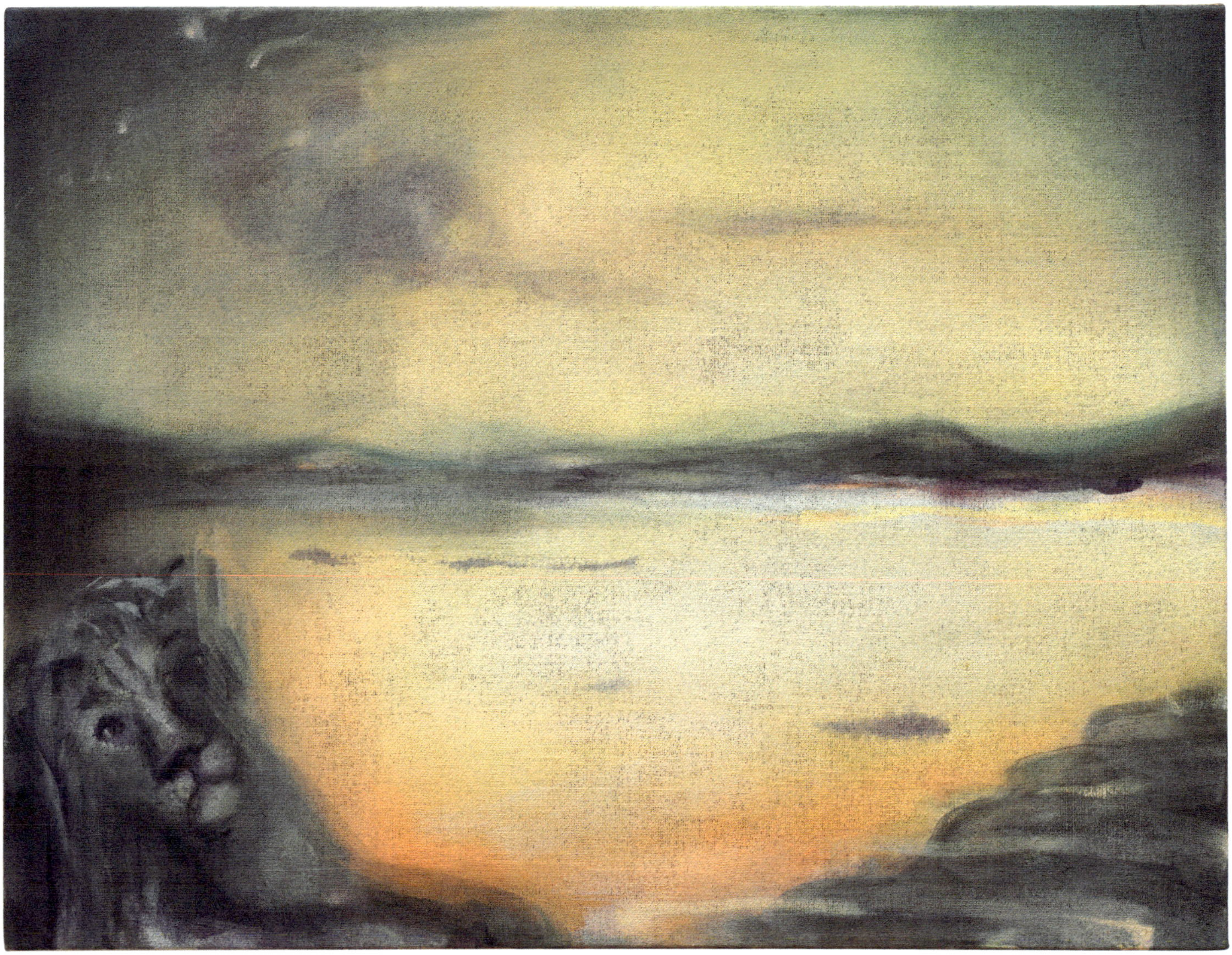

OT, 2009

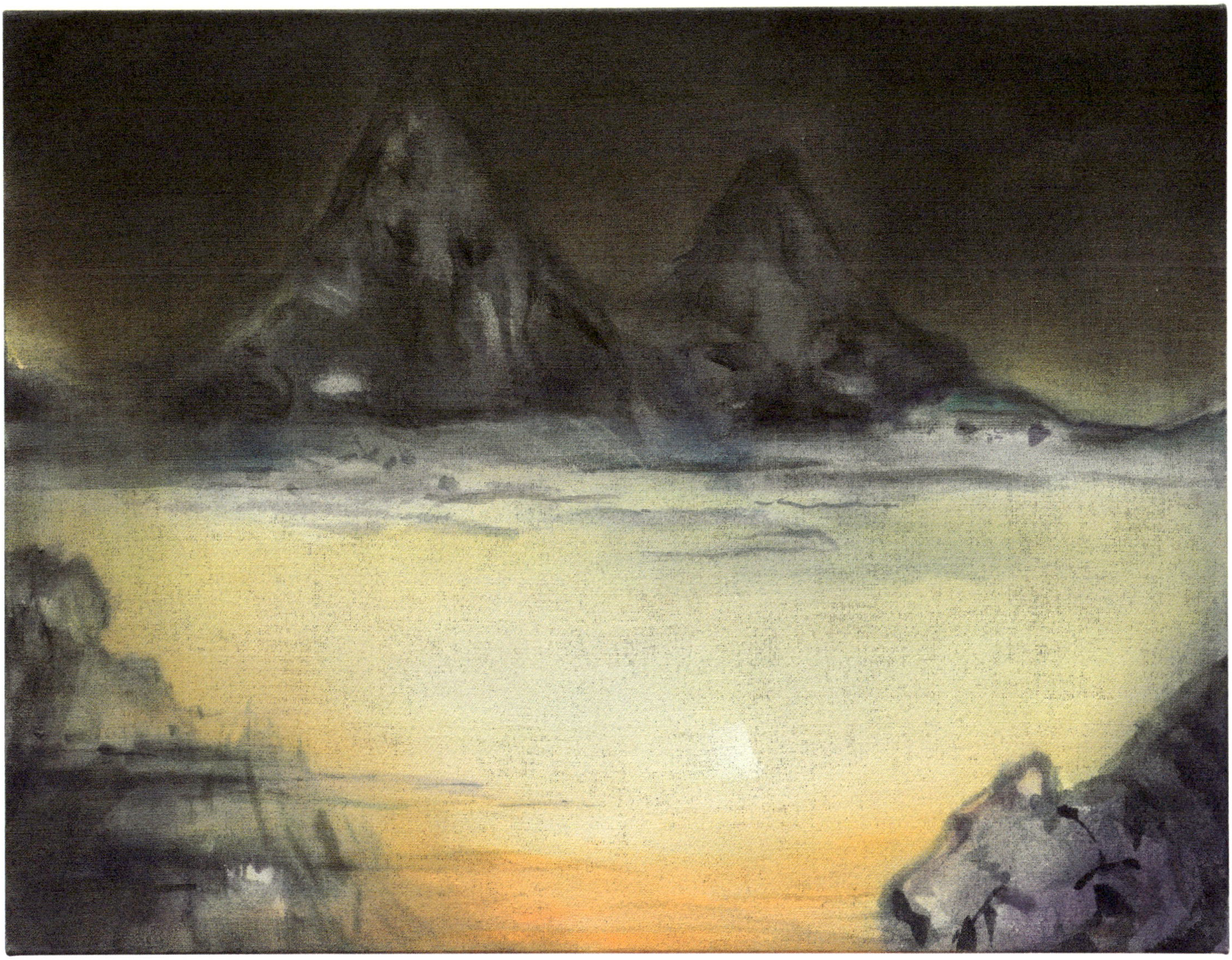

Lago with Tiger, 2009

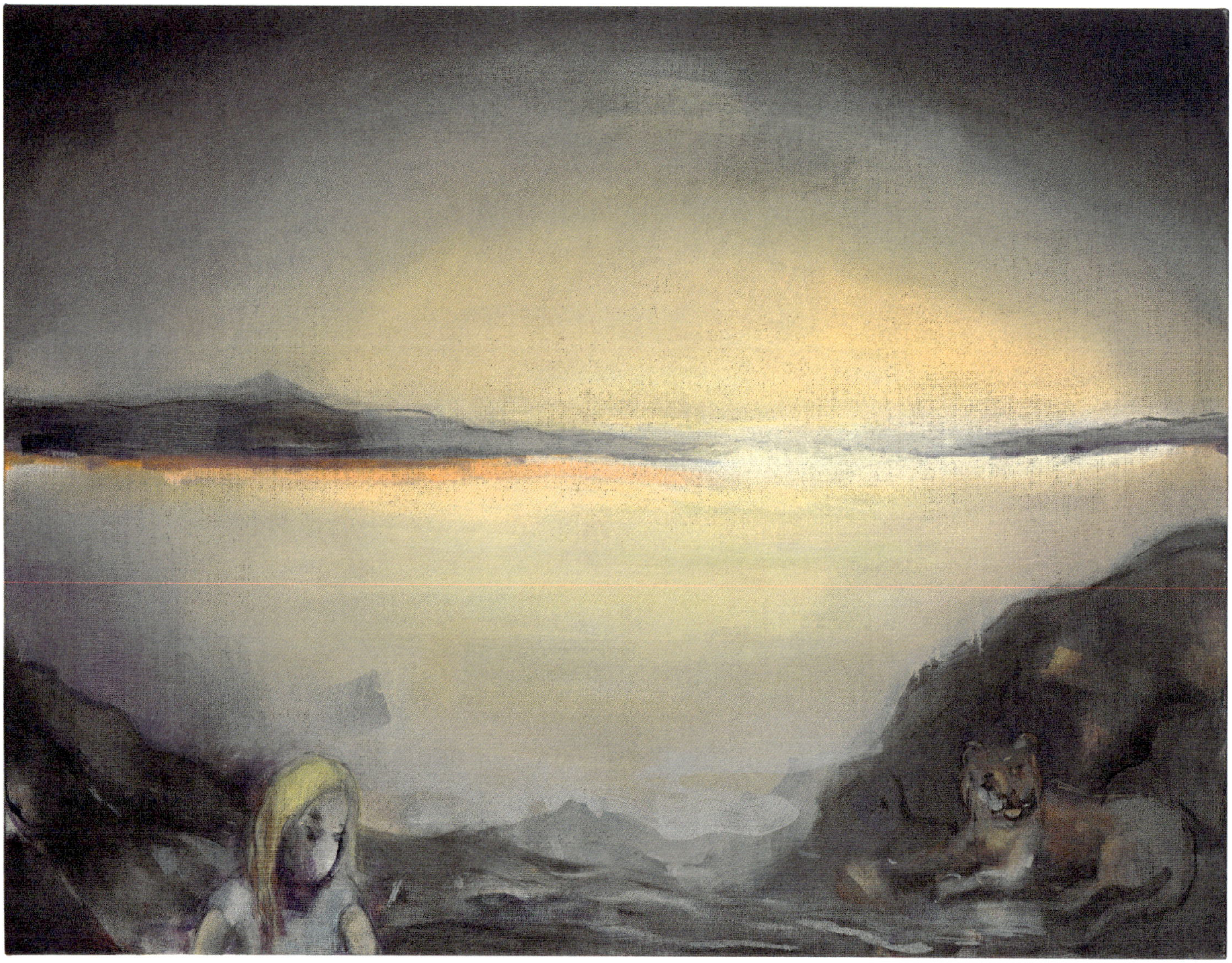

Lago with a Girl, 2009

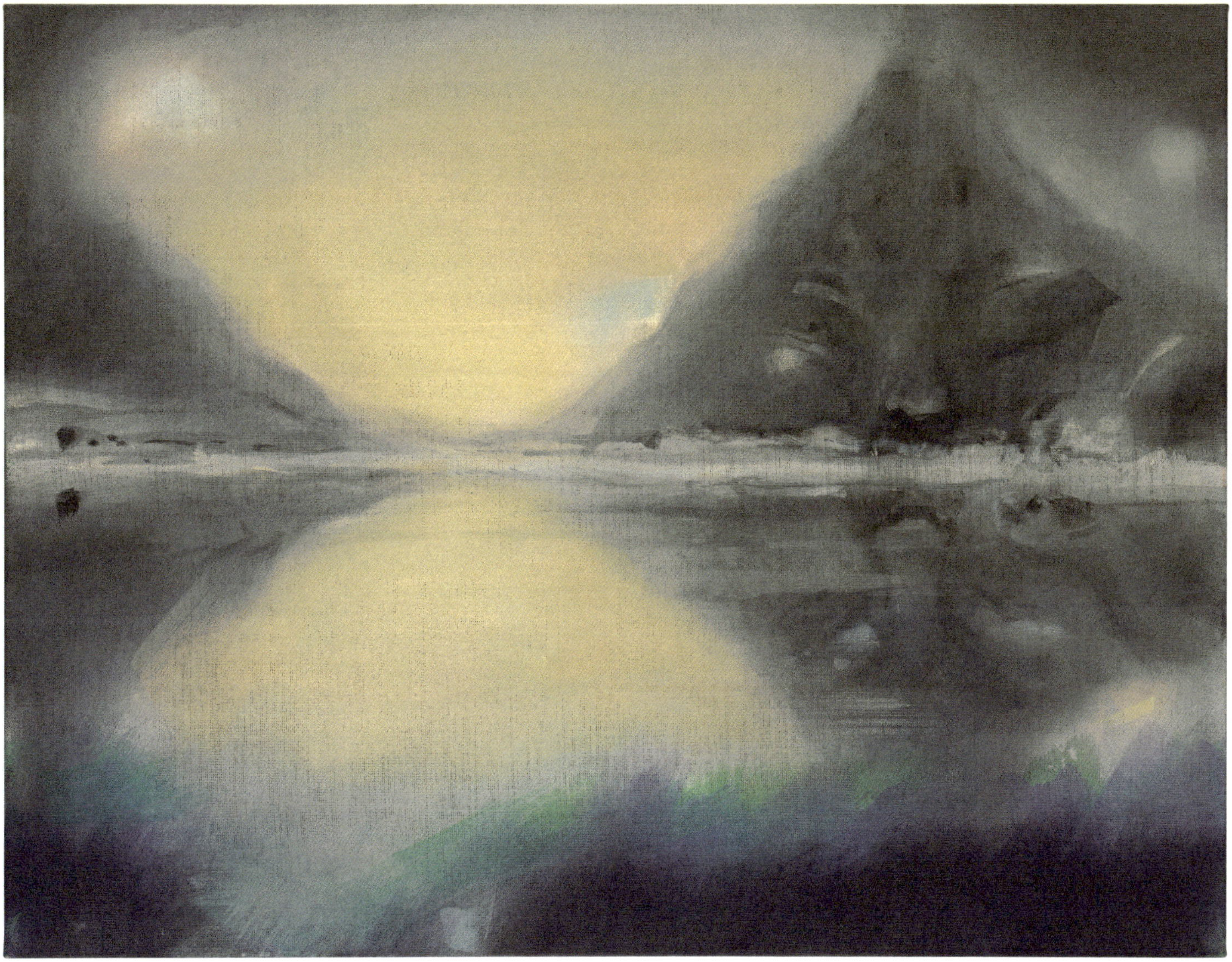

Lago Maggiore, 2009

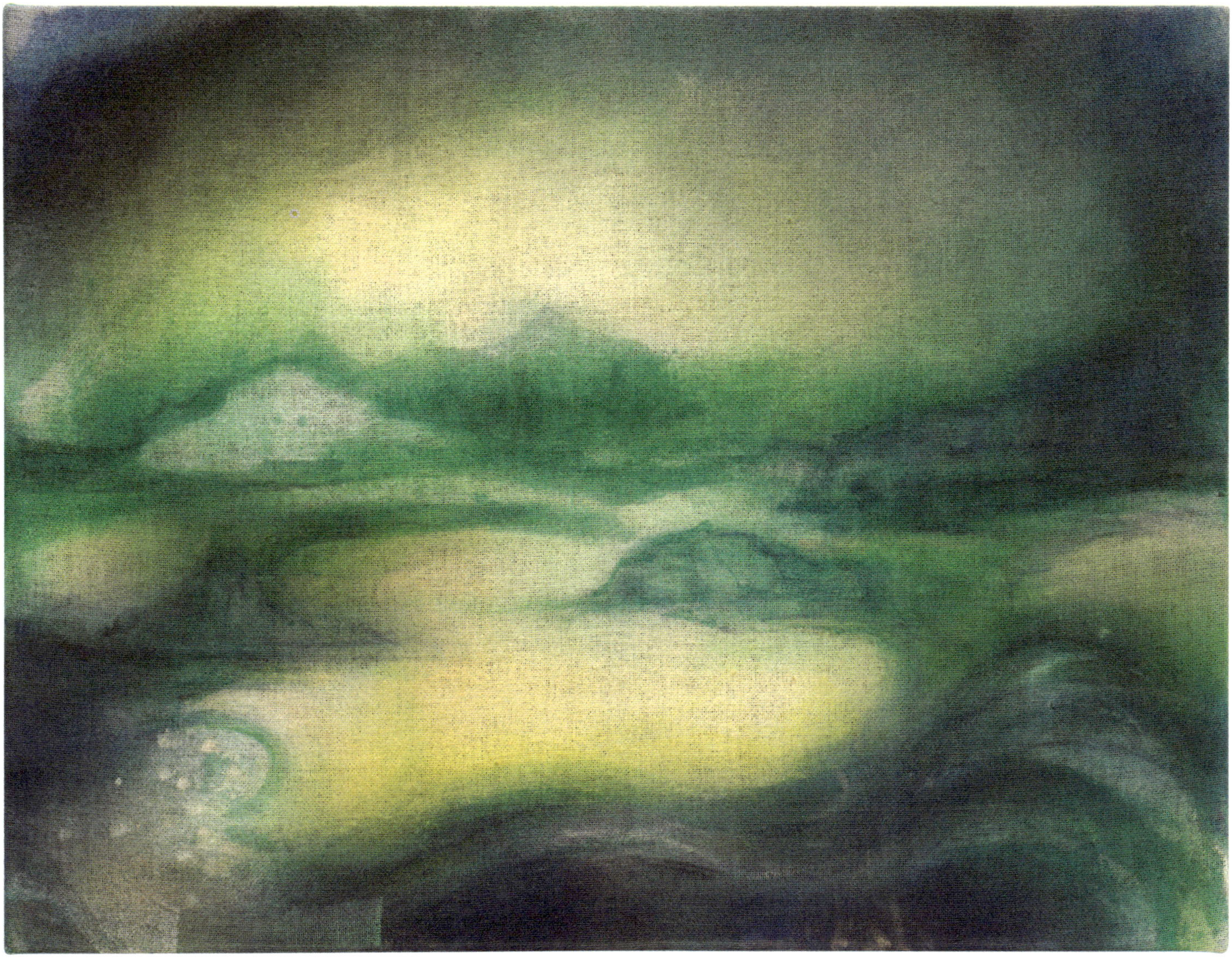

Green Scape, 2010

ああ暗い暗いという　でも遠くにひかっているのは何　あの世の光か　ああふるさとよ

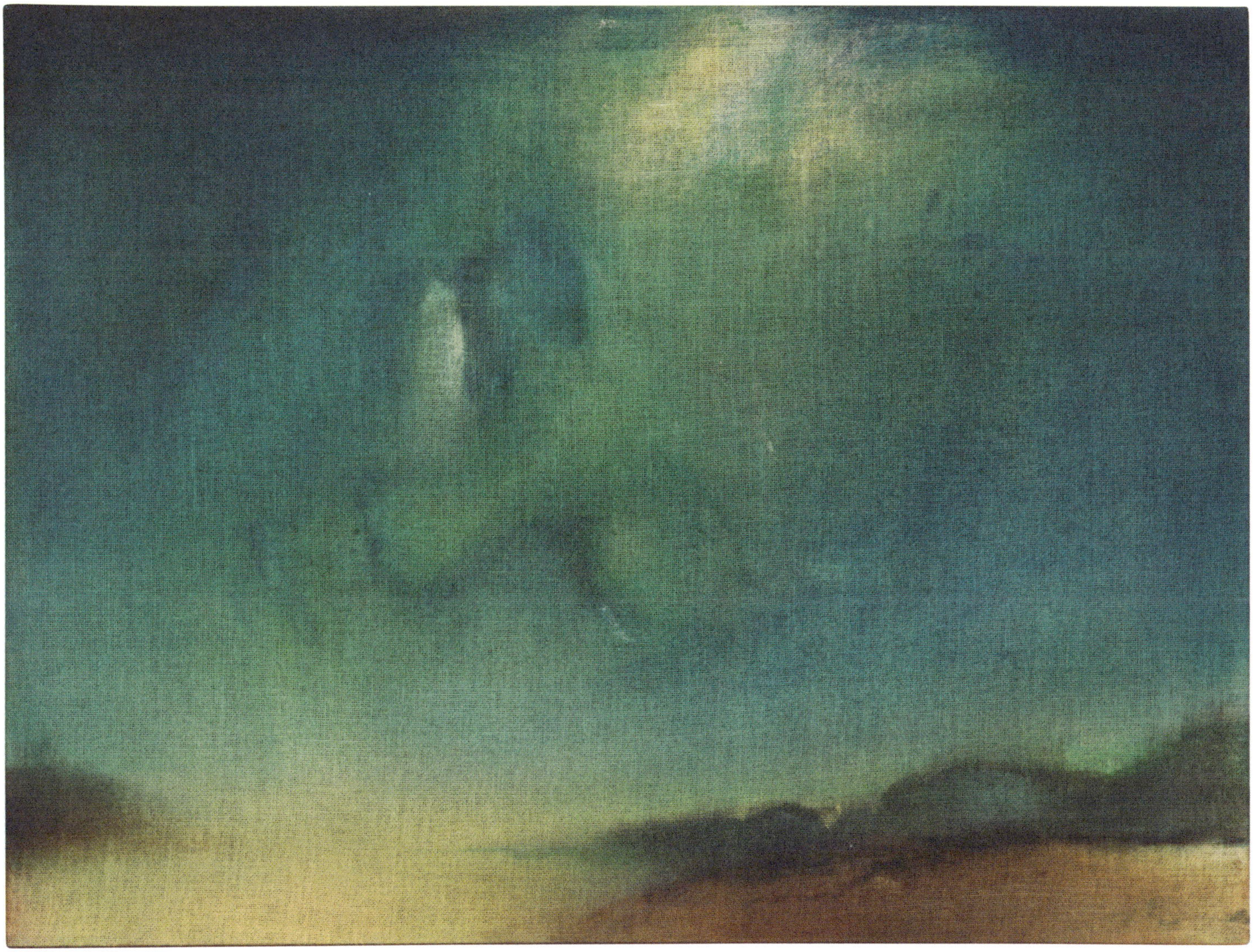

Floating Face in Blue Sky, 2011

was ist, was ist’s?
dass sie mit bäumen tanzt
aber wie schön
die frau des feuers

what, what is it?
that she dances with trees
but how beautiful
the woman of fire

Installationsansicht/Installation view, Mie Prefectural Art Museum, Mie, 2011

Ma-san, 2004, *Wu-San,* 2004

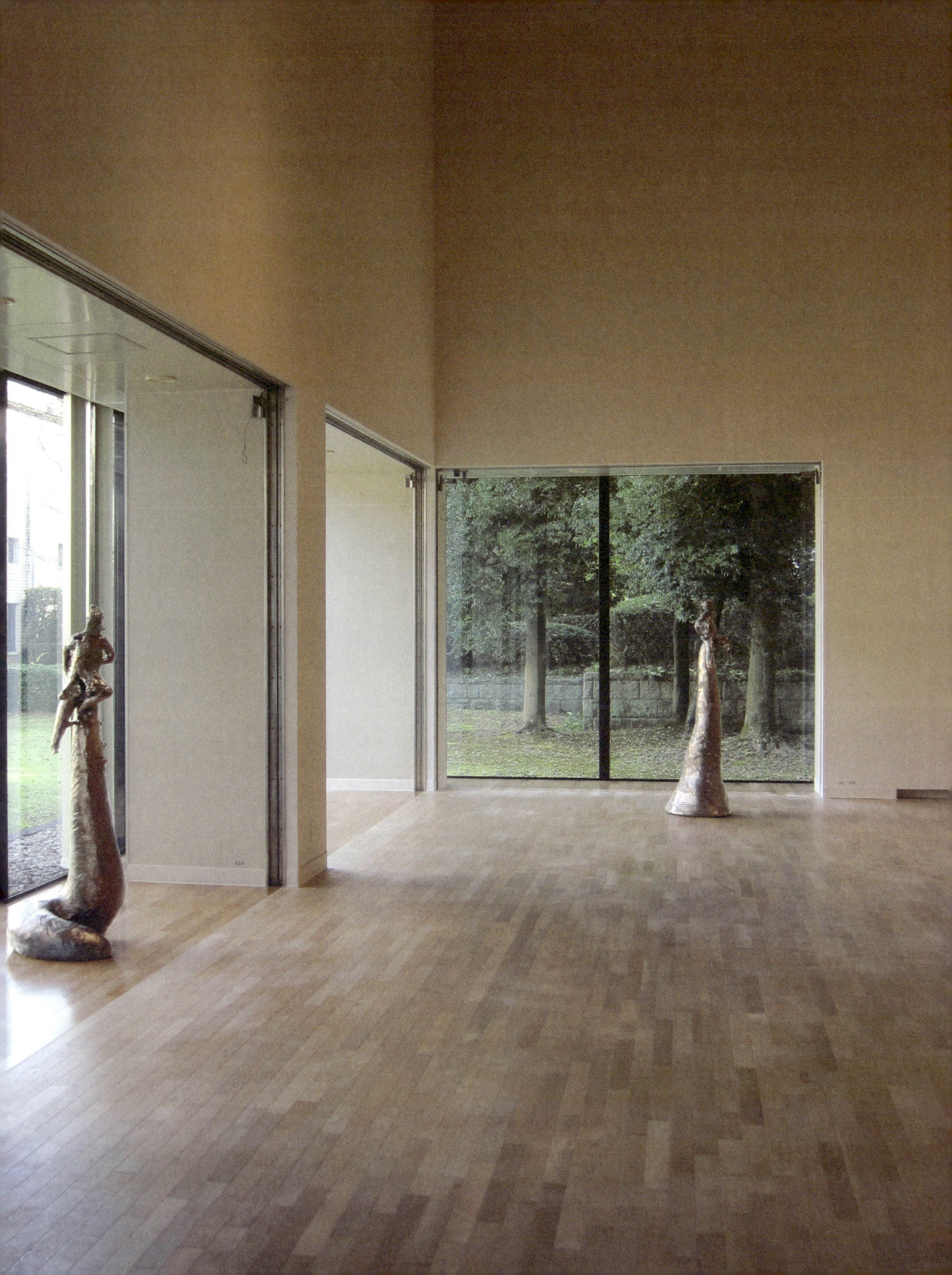

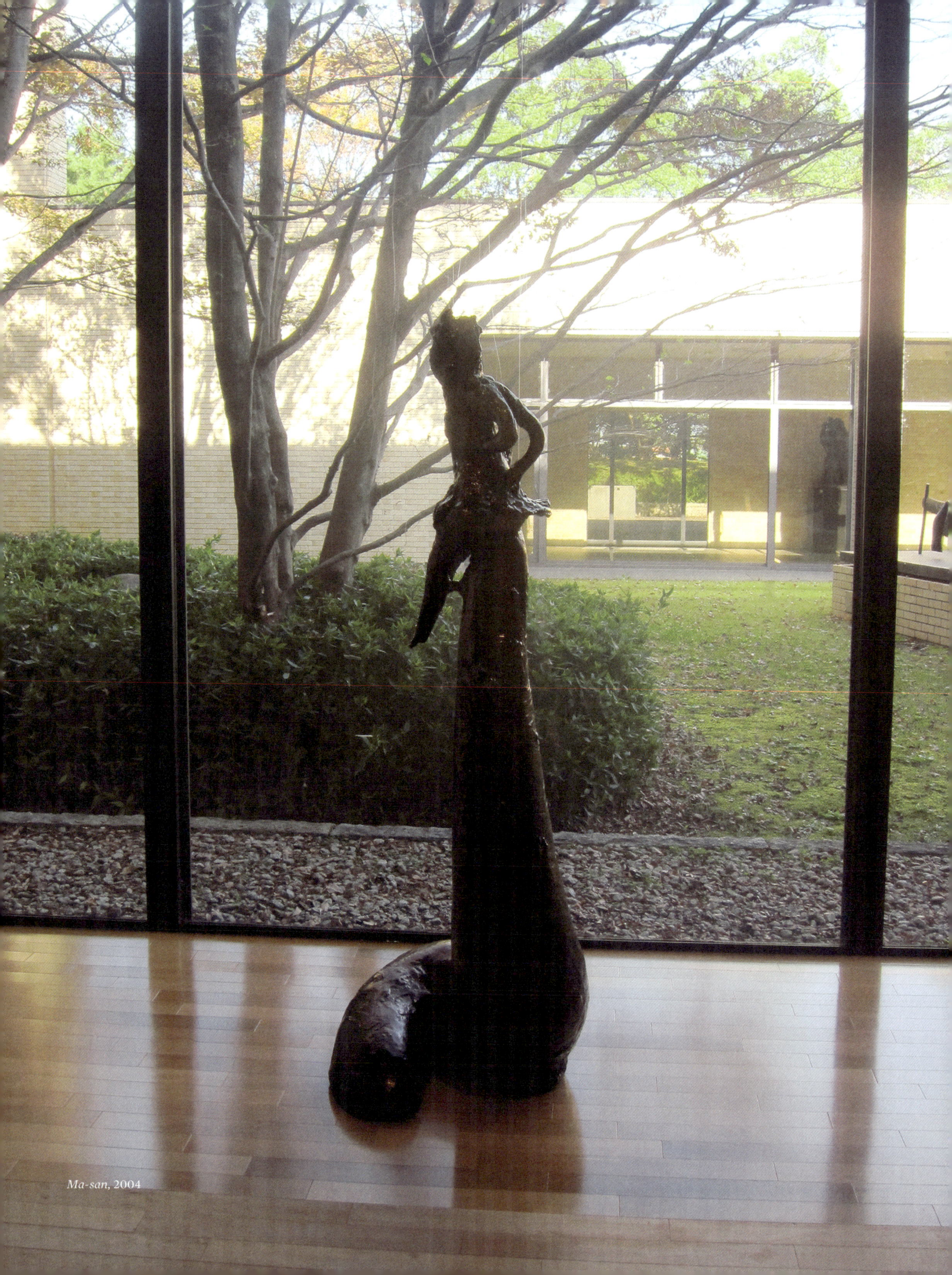

Ma-san, 2004

なんだなんだ　木といっしょに踊るとは　でもなんと美しいことか　火のおんな

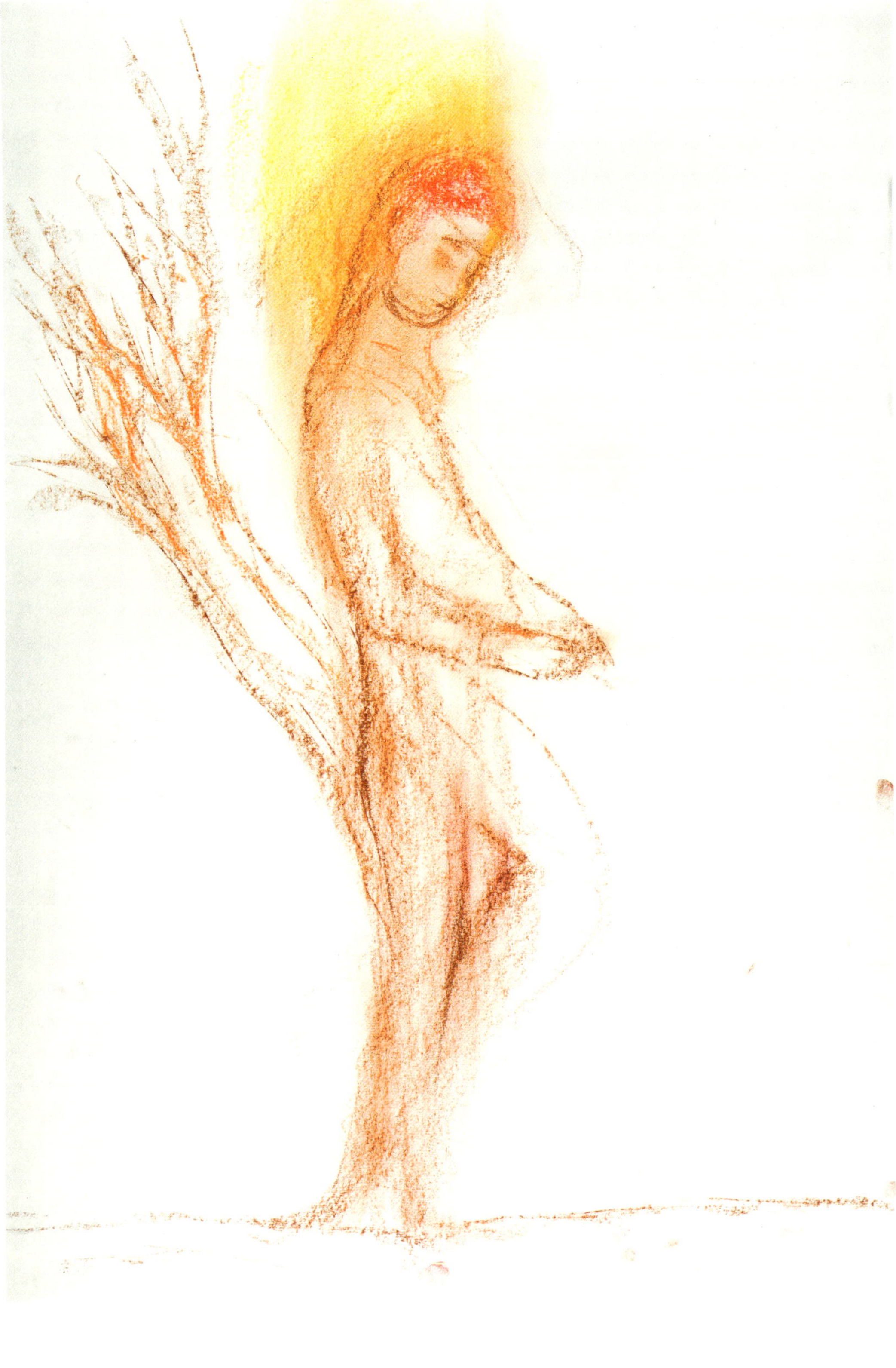

Tree-Being, 2007

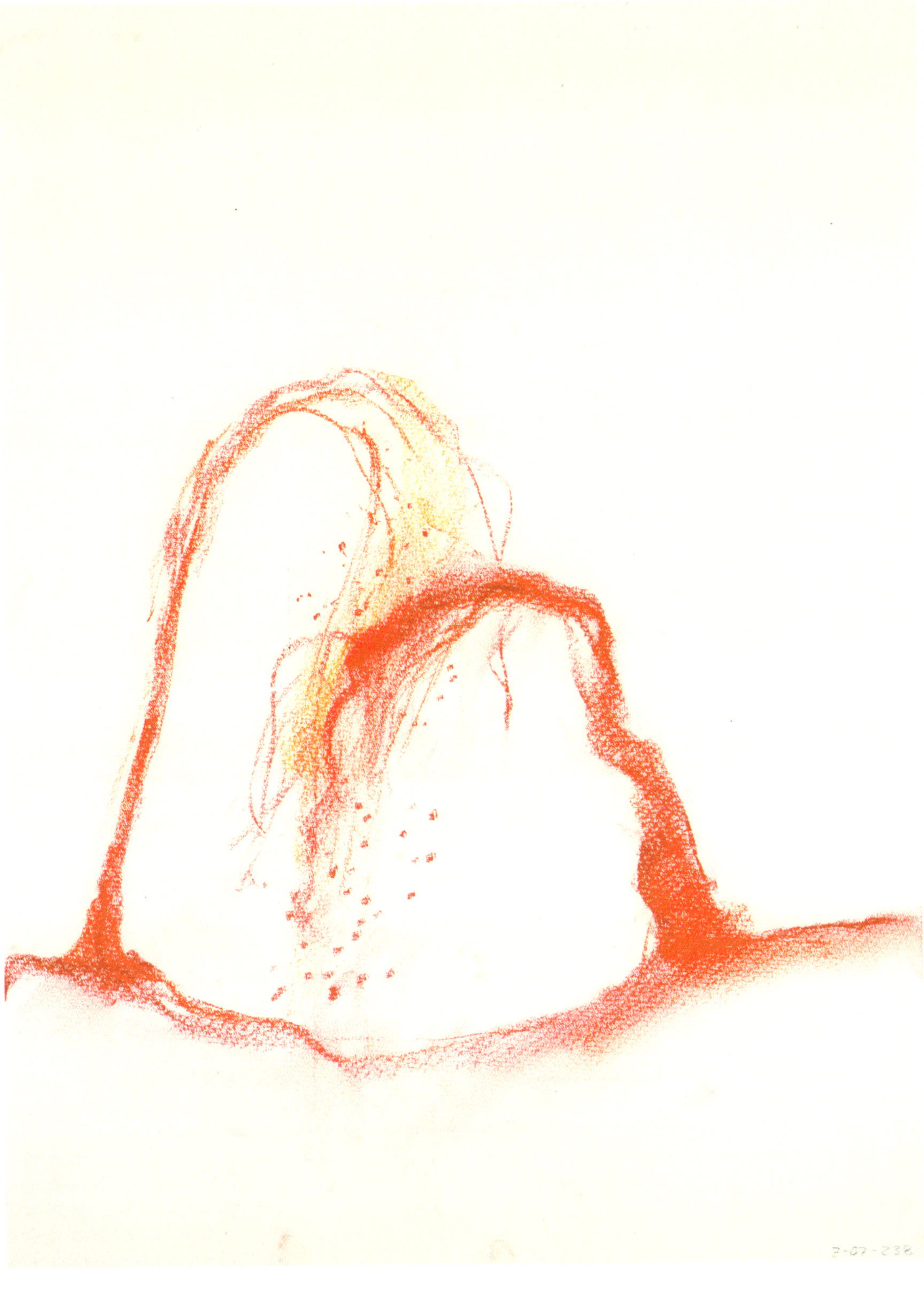

Tree Love True Love, 2007

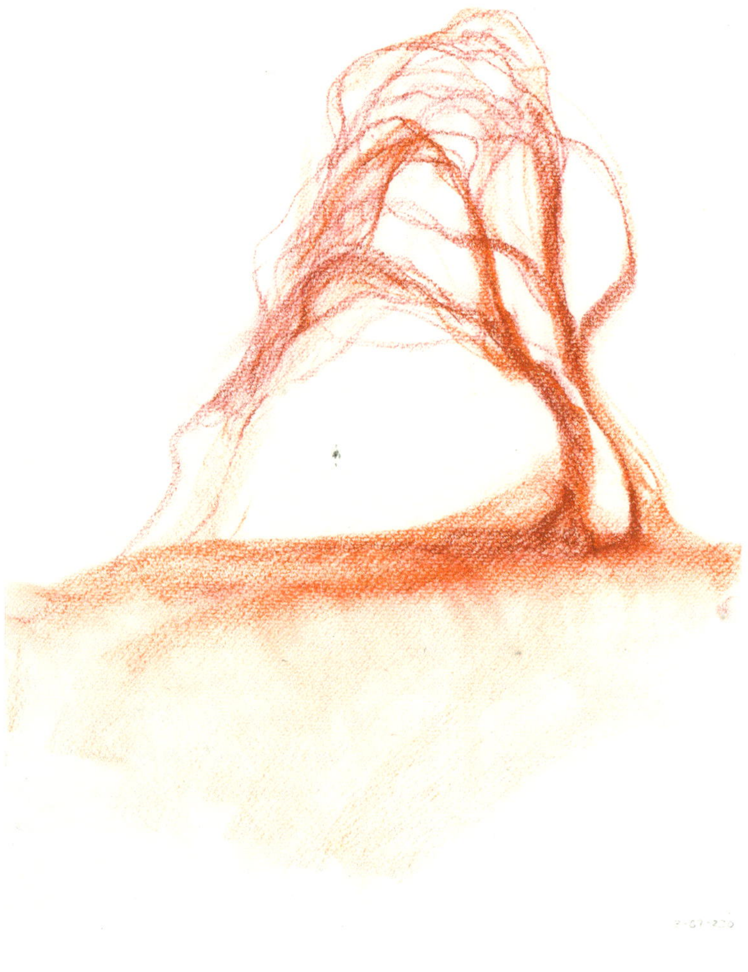

Tree Love True Love, 2007

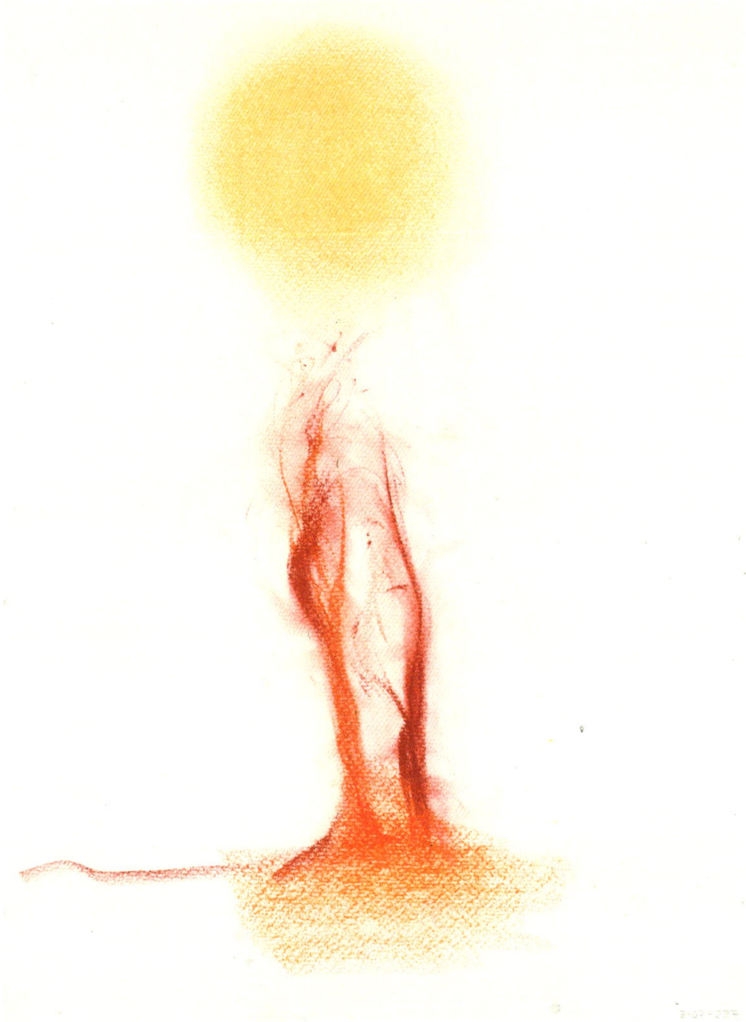

Tree Love True Love, 2007

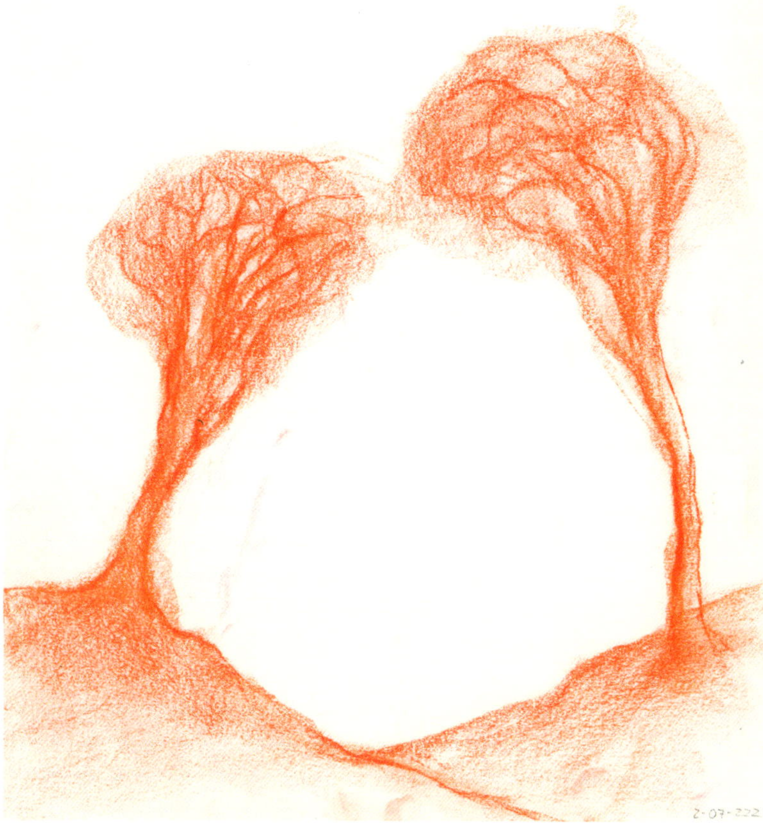

Trees, 2007

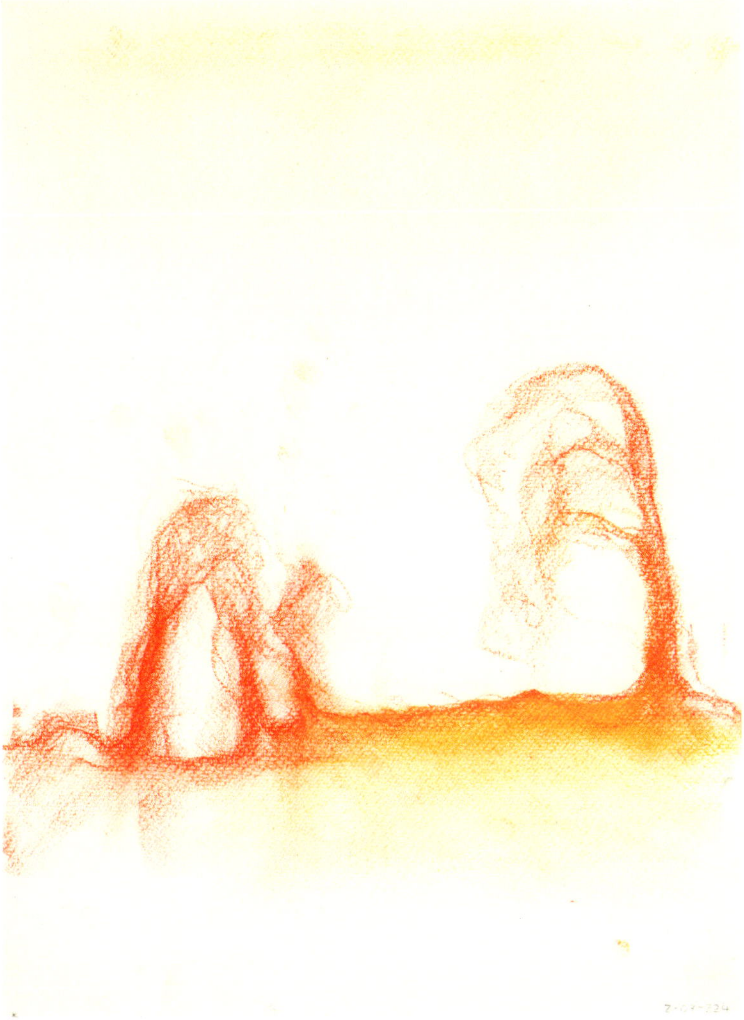

Tree Love True Love, 2007

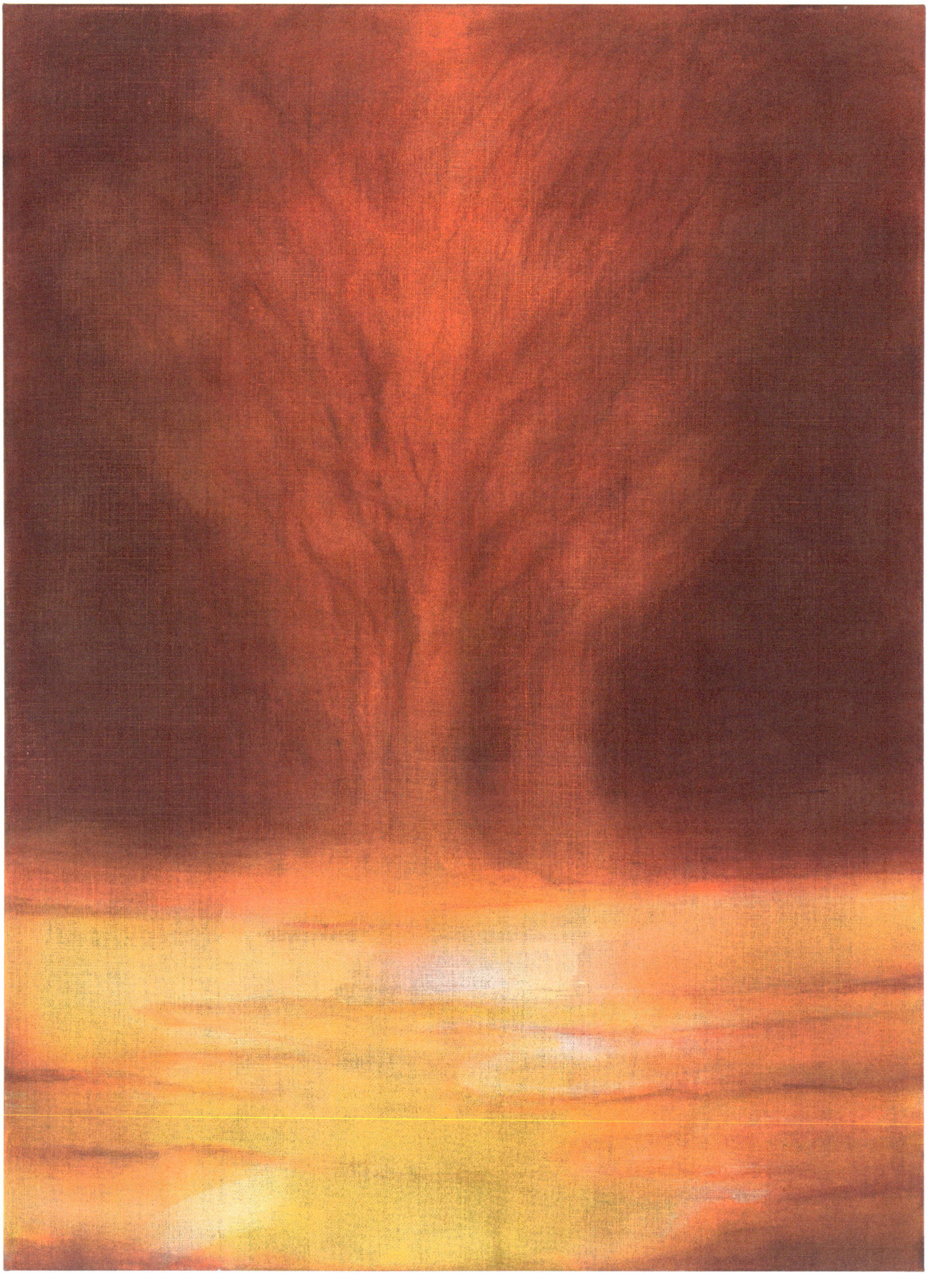

Red Trees, 2009

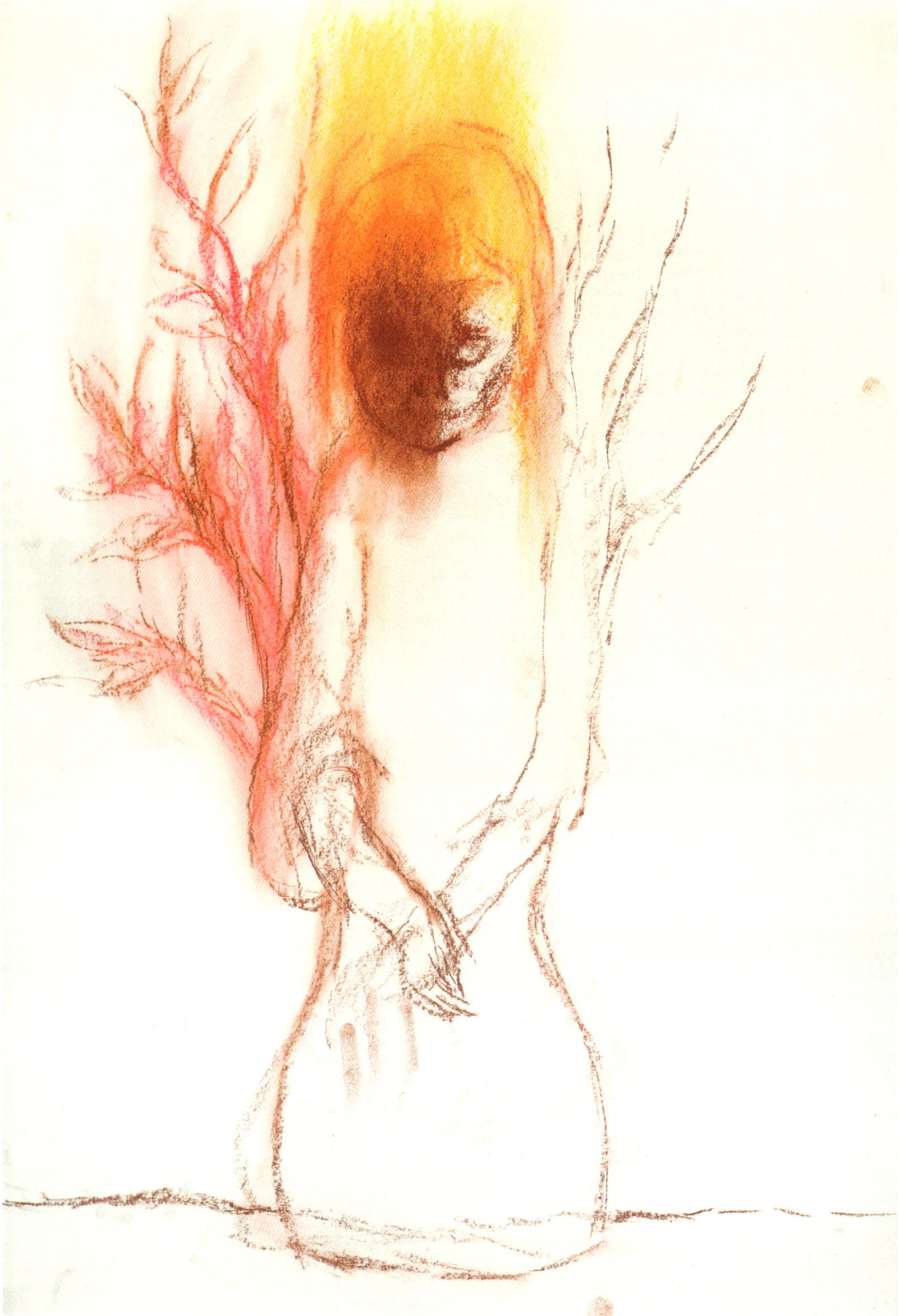

Tree Figure, 2007

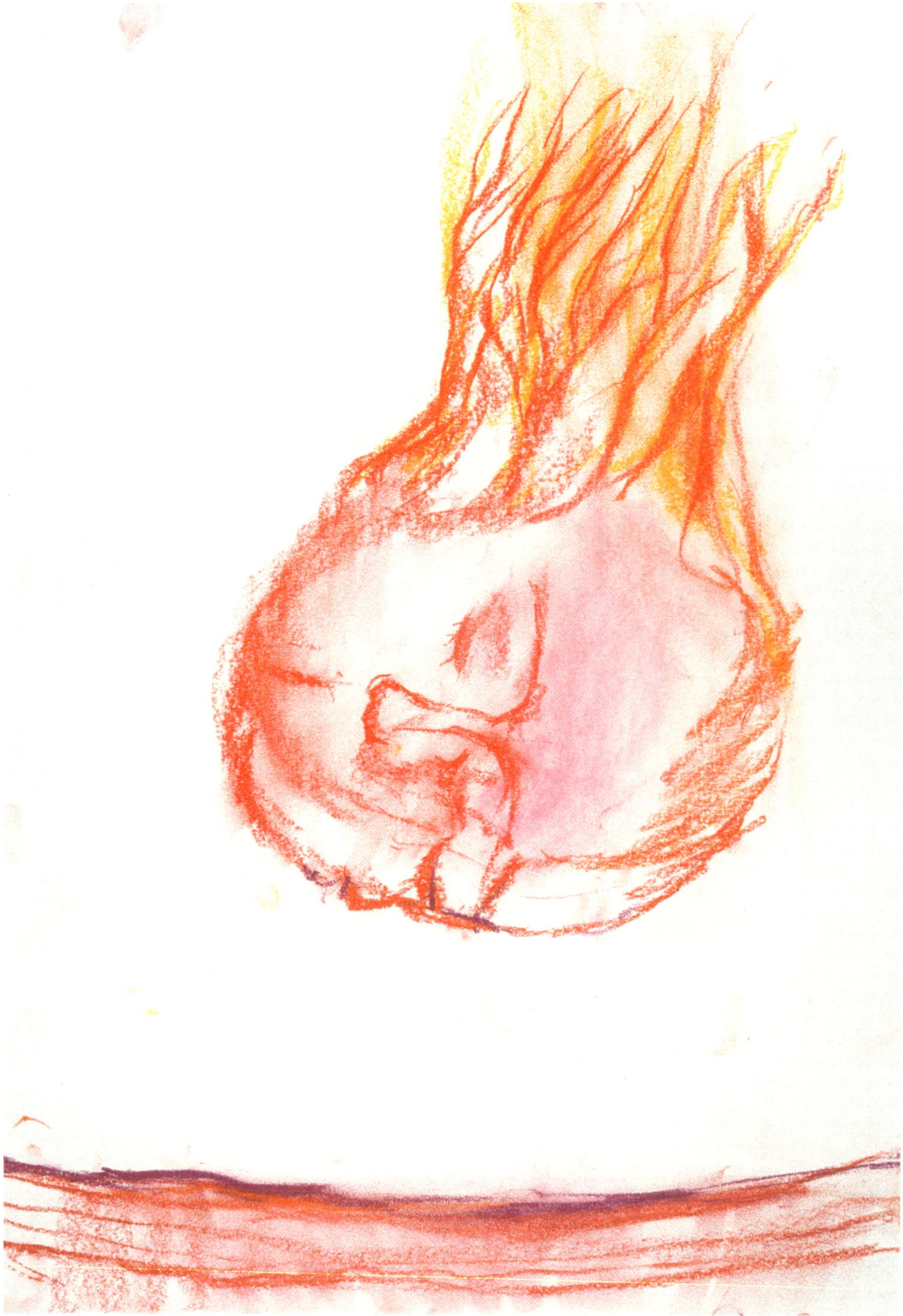

Floating Flame-Head, 2007

思ってもいなかった　ひらひらと舞う　火のたましい　ゆうぐれにむなしく

Floating Head, 2009

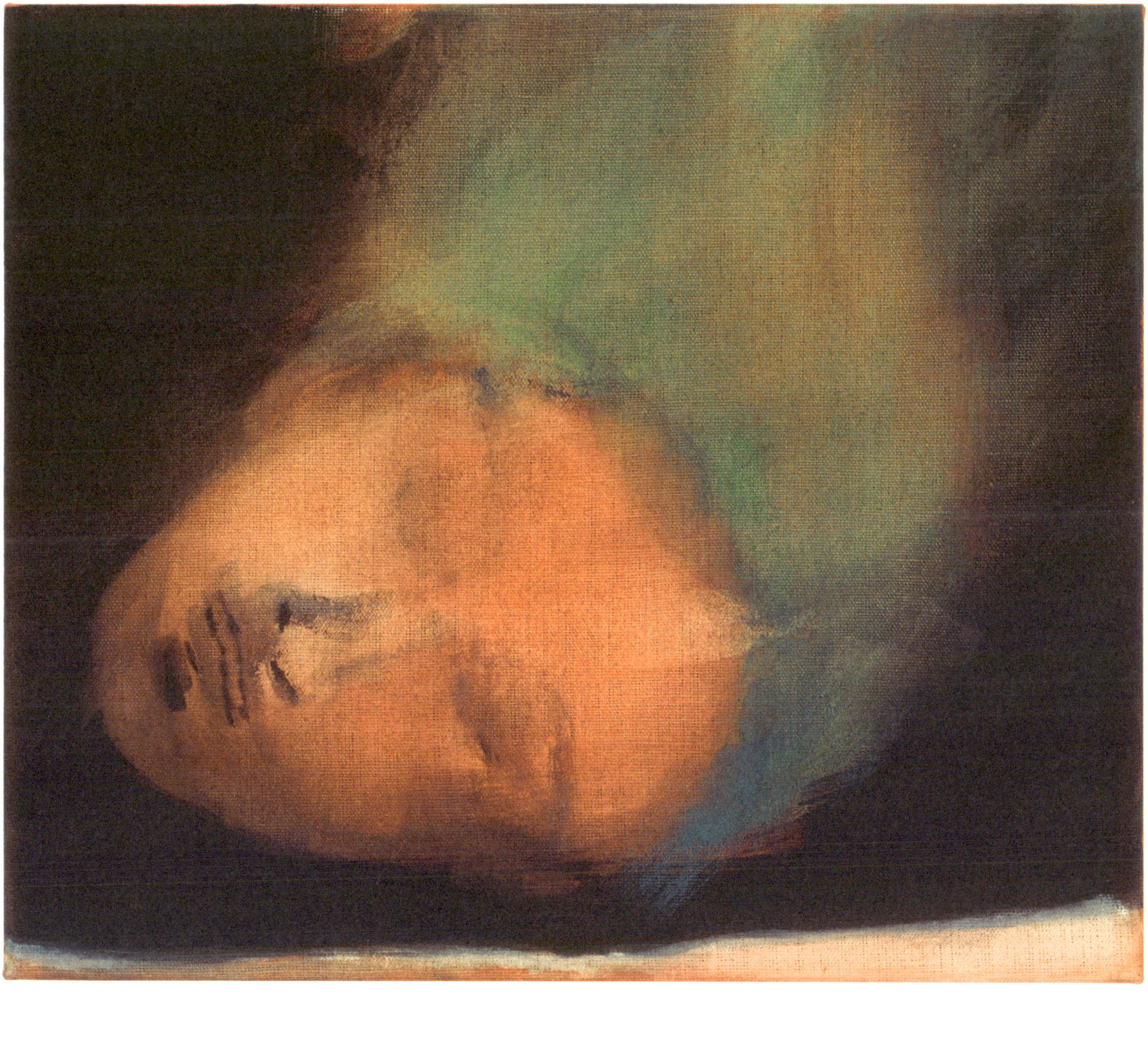

Floating Face, 2007

wie eine wolke
das riesige riesige herz
verwandelnd in ein heiliges gesicht
schwebend
ist verzeihen schon

like a cloud
the huge huge heart
transforming into a holy visage
is suspended
already forgiven

雲のごとく　大きな大きな心　神聖なすがおになって　うかんでいる　もうゆるされたのだ

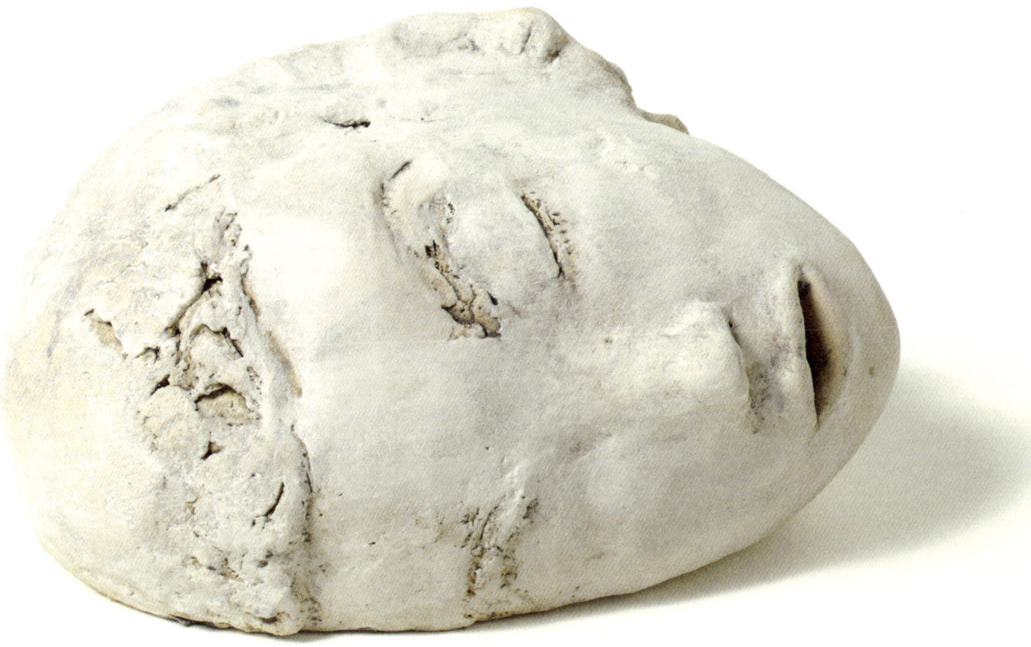

White Sleep, 2010

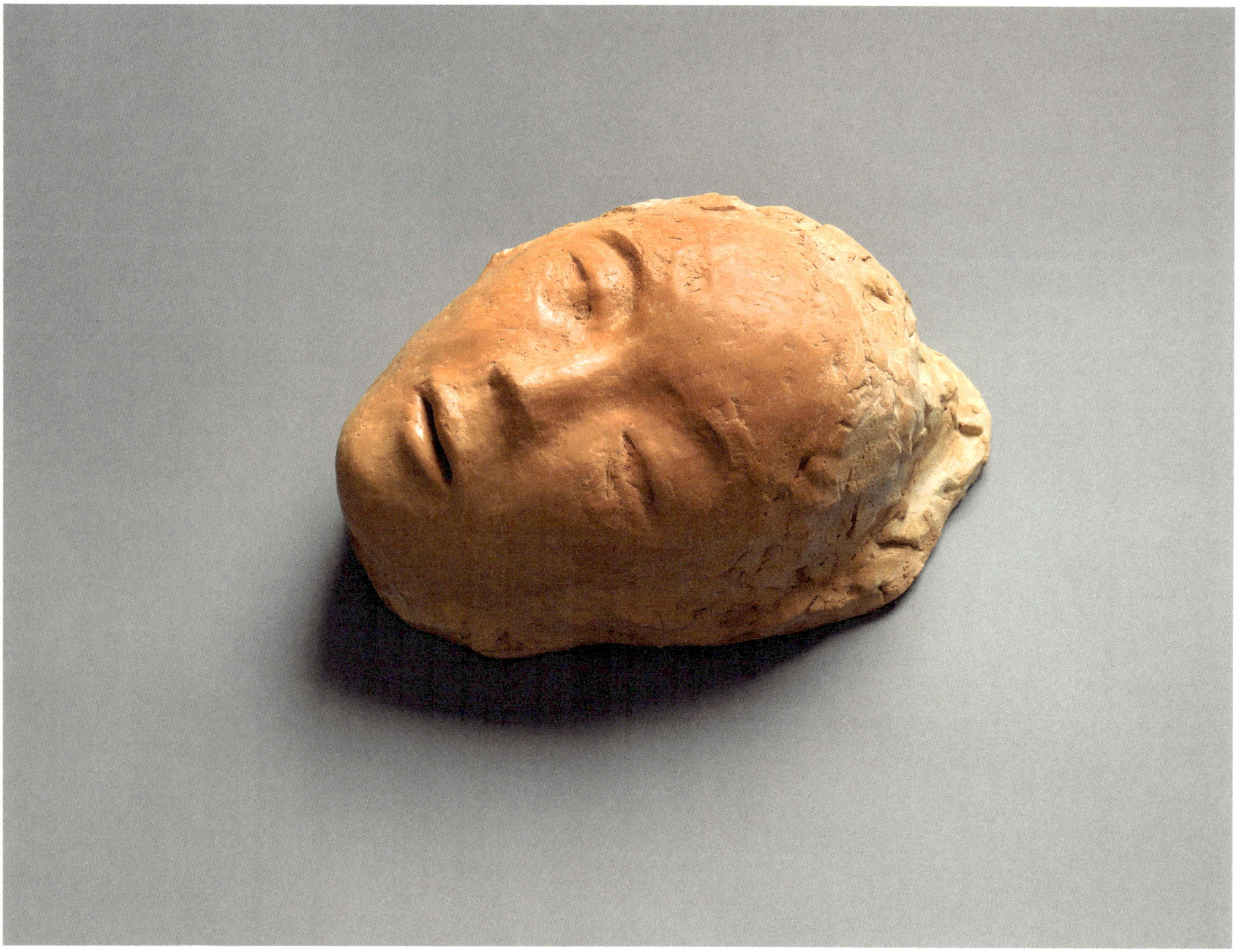

Red Head I, 2011

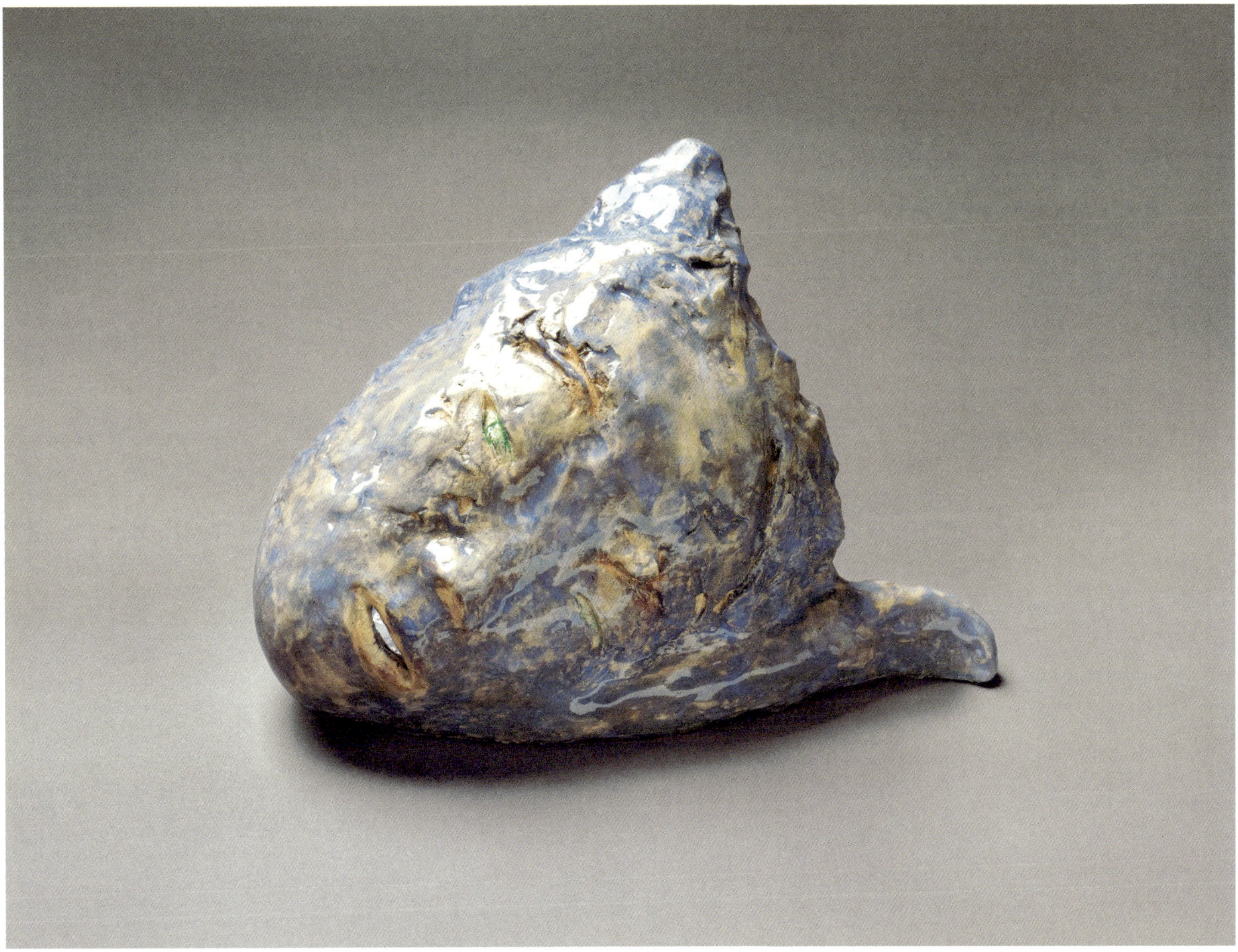

Kitsune Blue, 2011

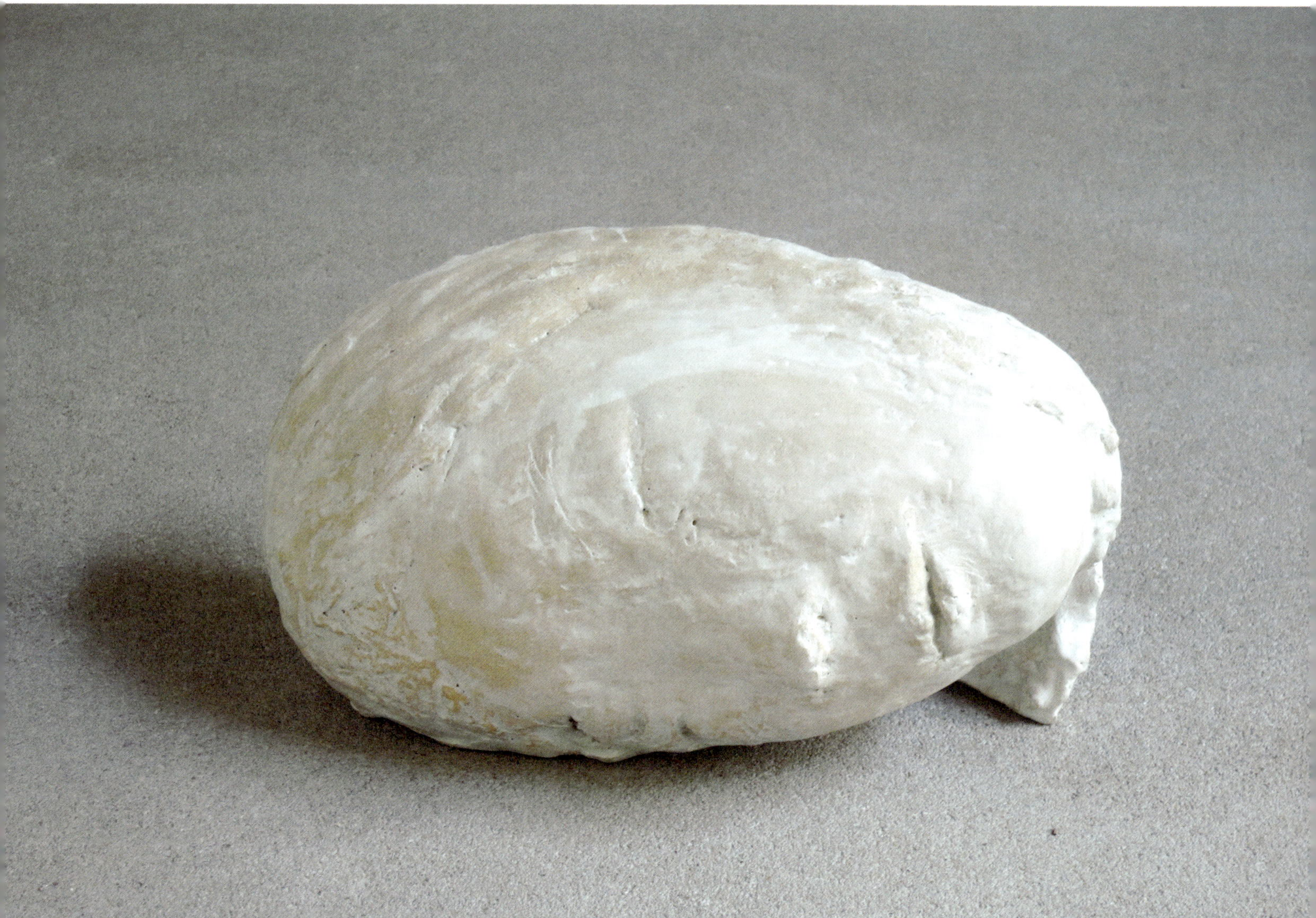

A Sleep, 2010/2011

わたしわたしというんじゃない　そんなことくだらん　ひたひた伝わる悲しみにくらべたら

Leiko Ikemura bei der Arbeit im Studio von/
working in the studio of Jun Kaneko in Omaha, USA, 2011

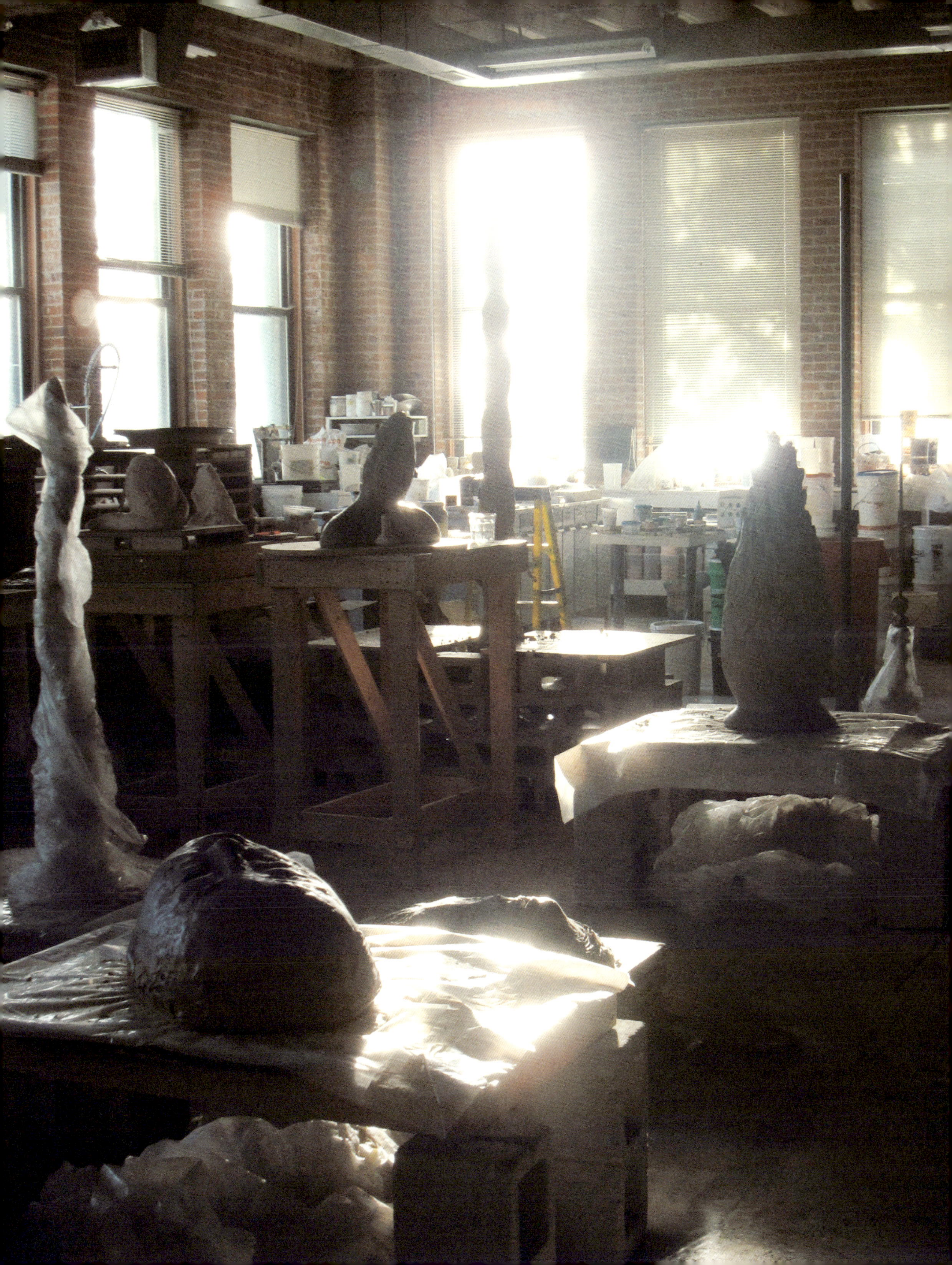

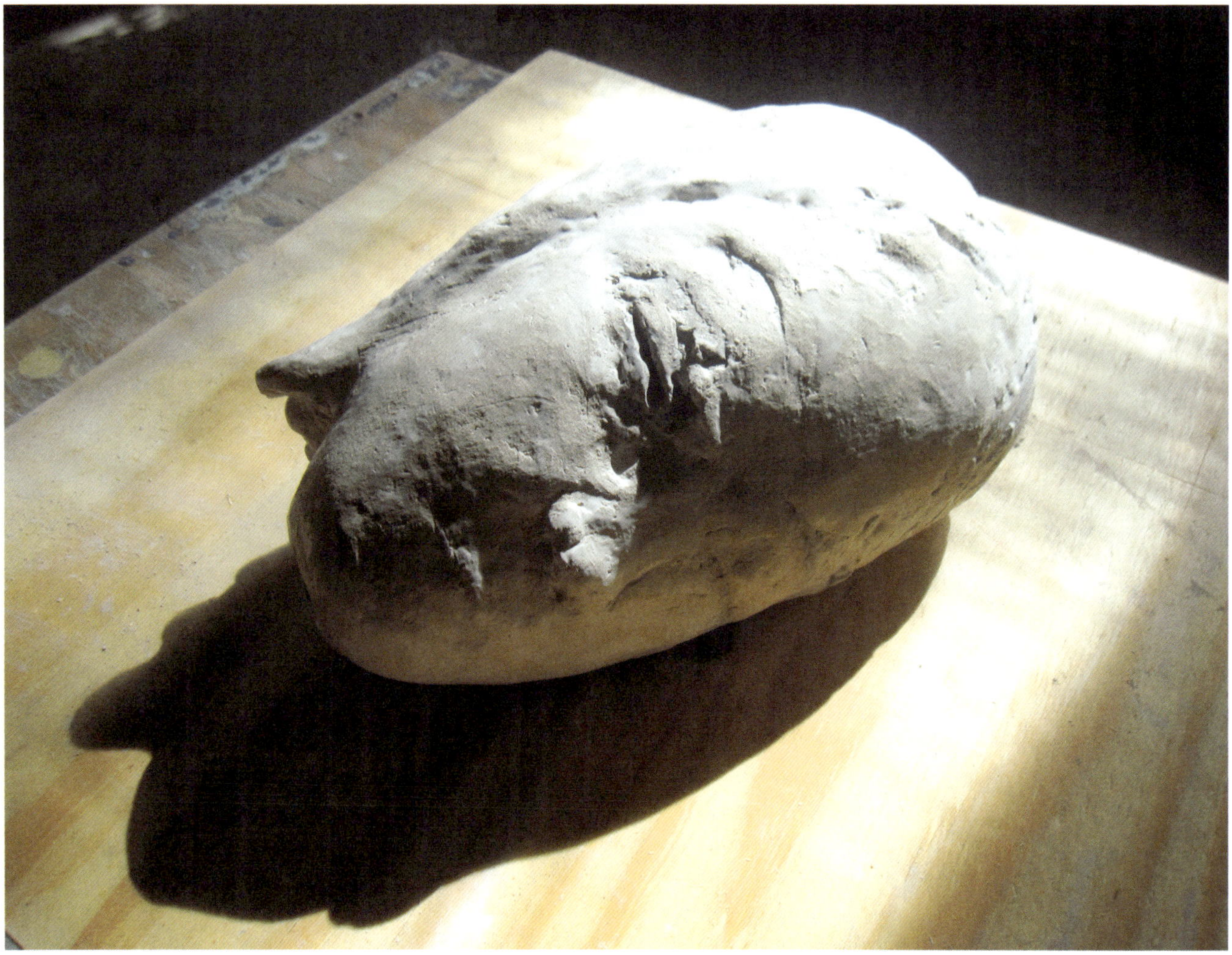

Namenlos, 2008–2011

Leiko Ikemura bei der Arbeit im Studio von/
working in the studio of Jun Kaneko in Omaha, USA, 2011

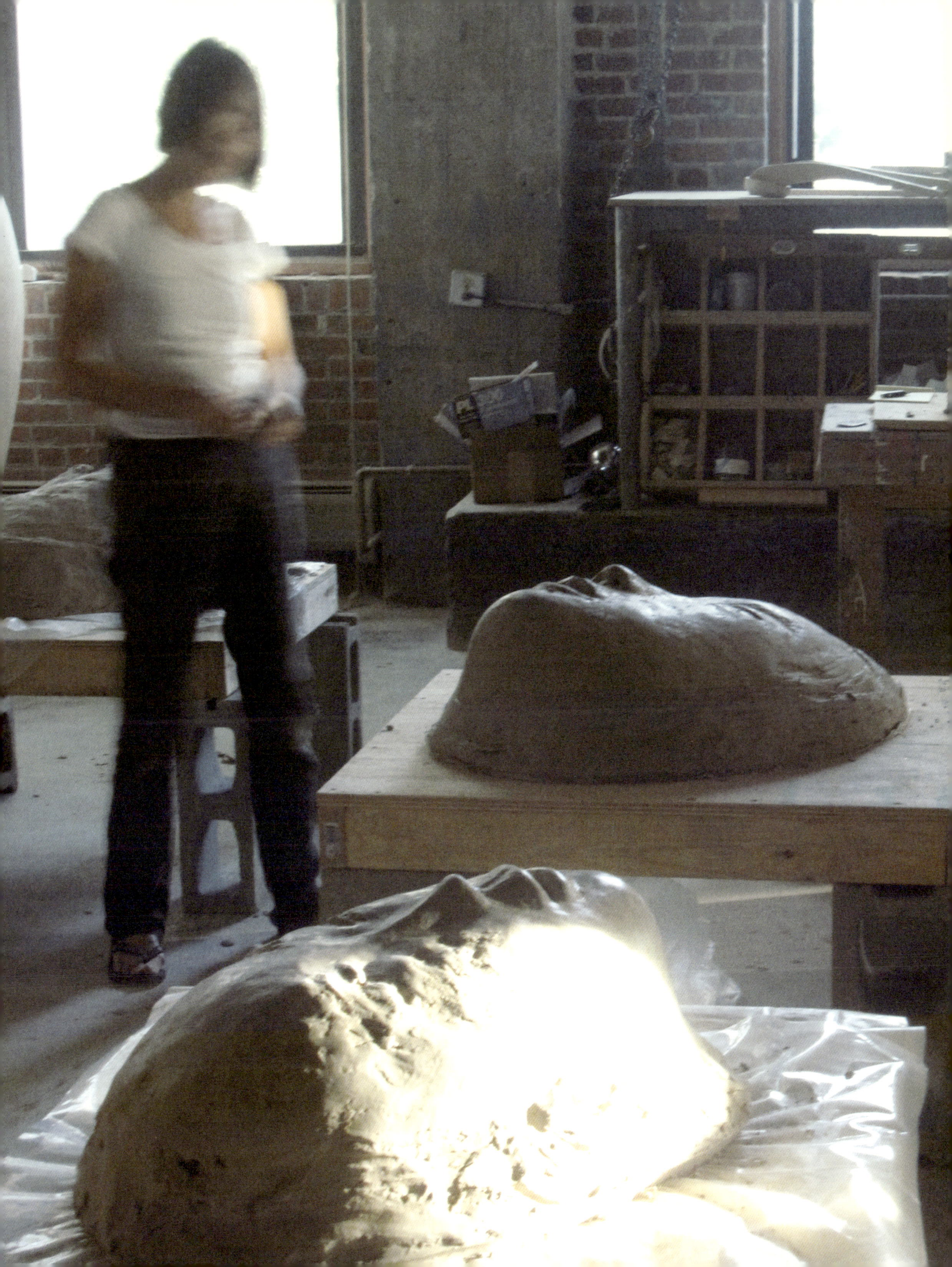

Face in Blue, 2008

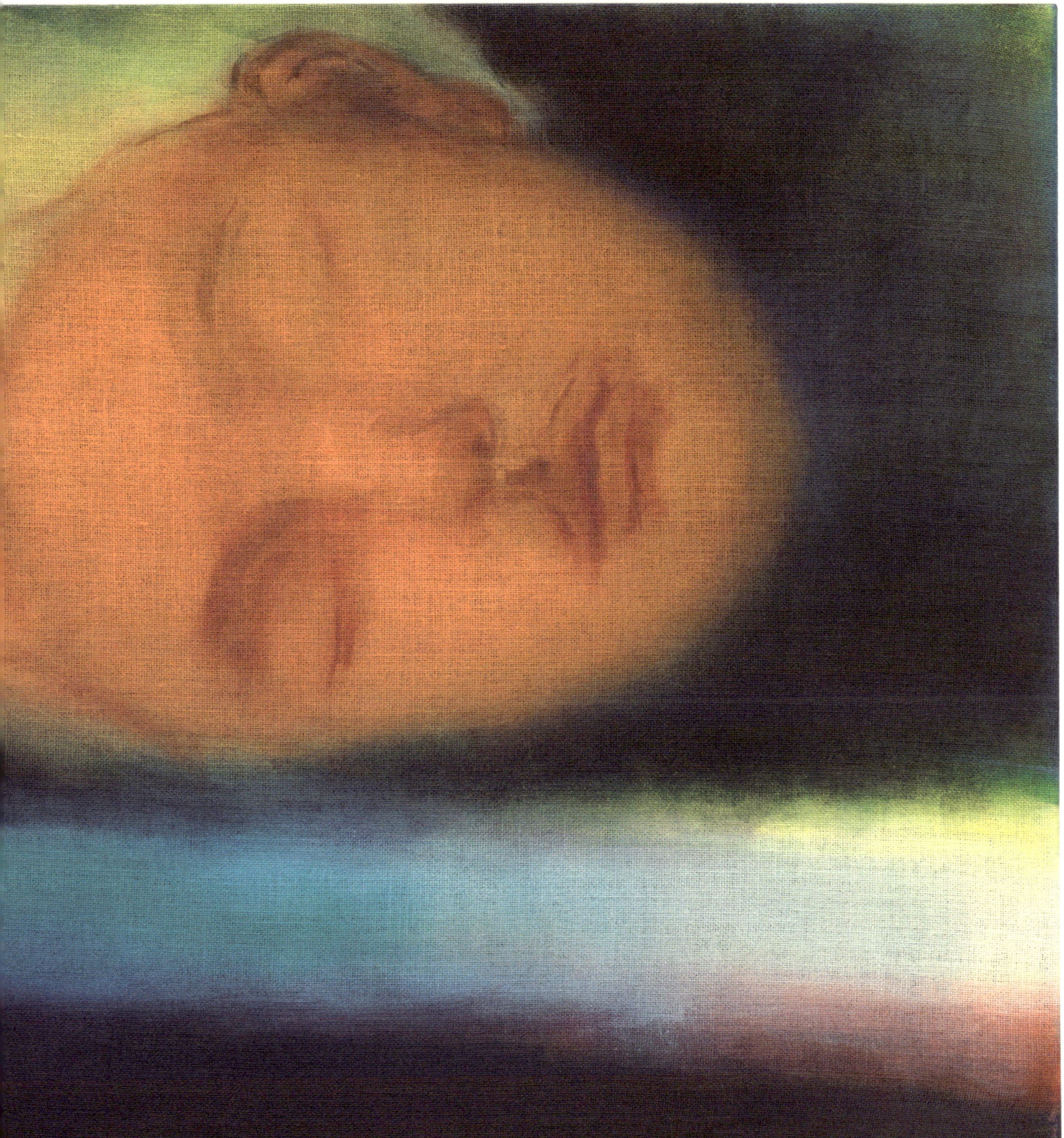

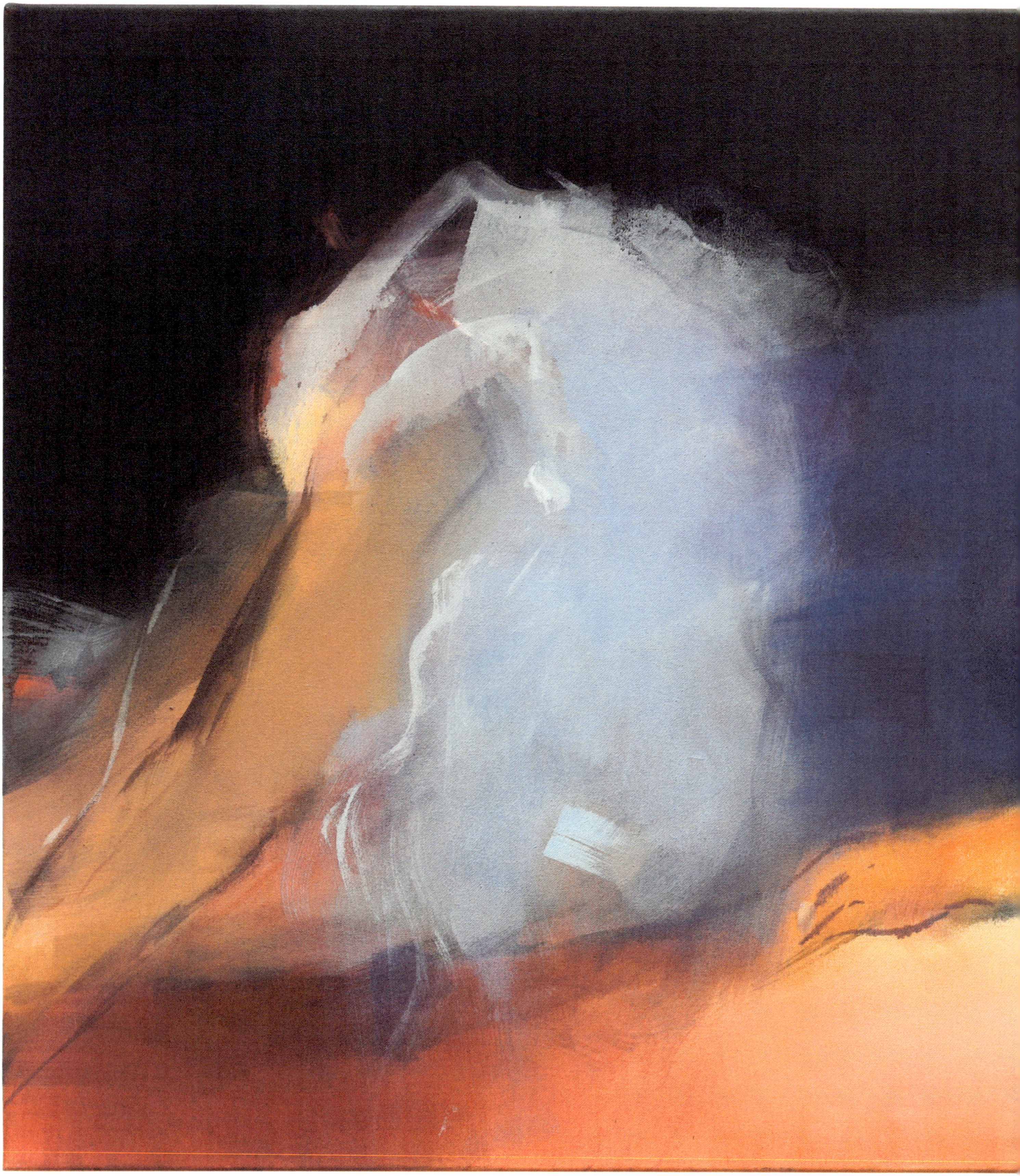

Double Lying, 2009

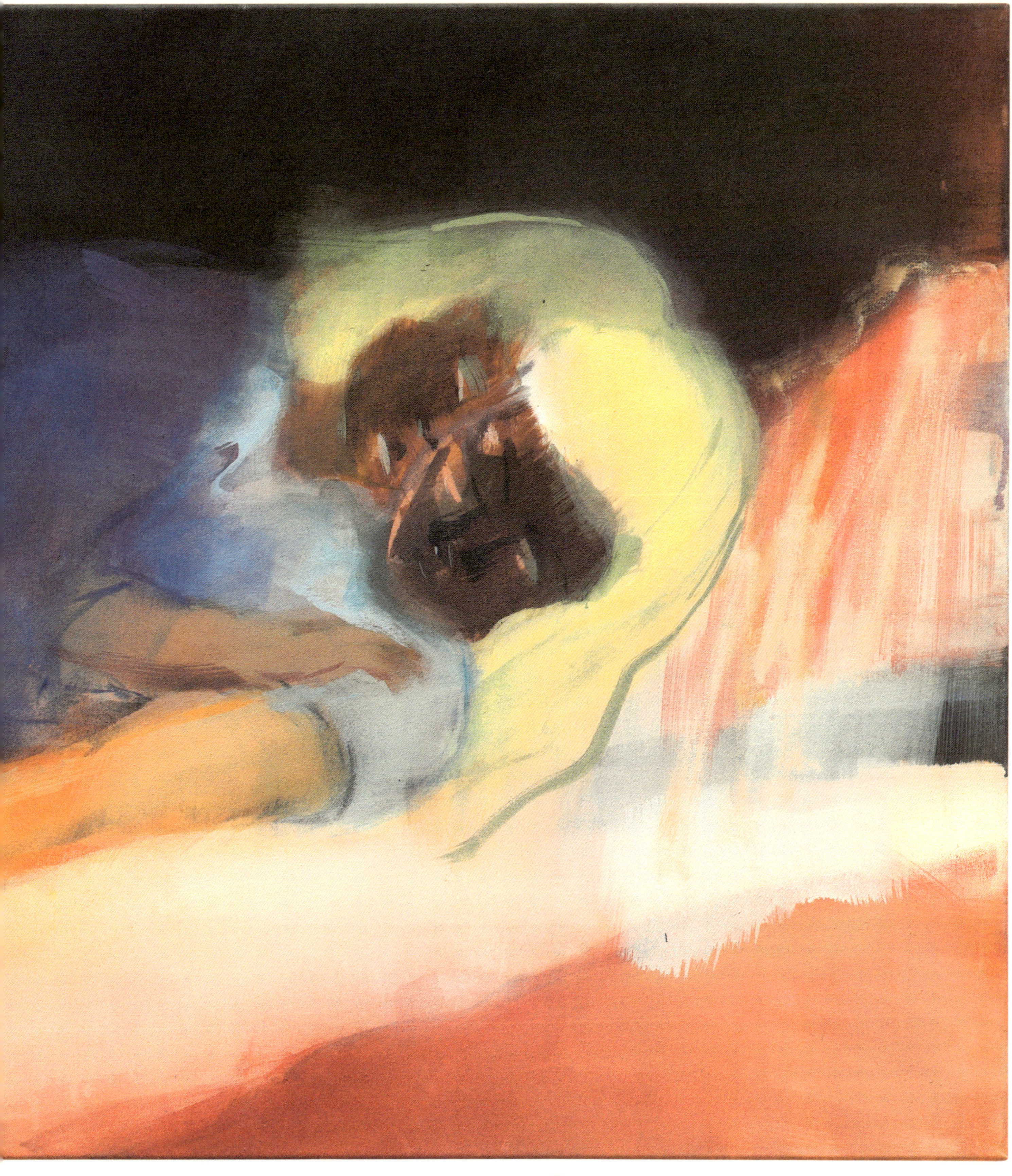

existenz voller löcher
du weinst mit einem vogel im arm
warten nur auf den morgen, liegend

existence full of holes
you cry with a bird on your arm
lying, waiting only for the morning

あなだらけの存在　鳥をかかえて泣いているあなた　横になって朝をまちなさい

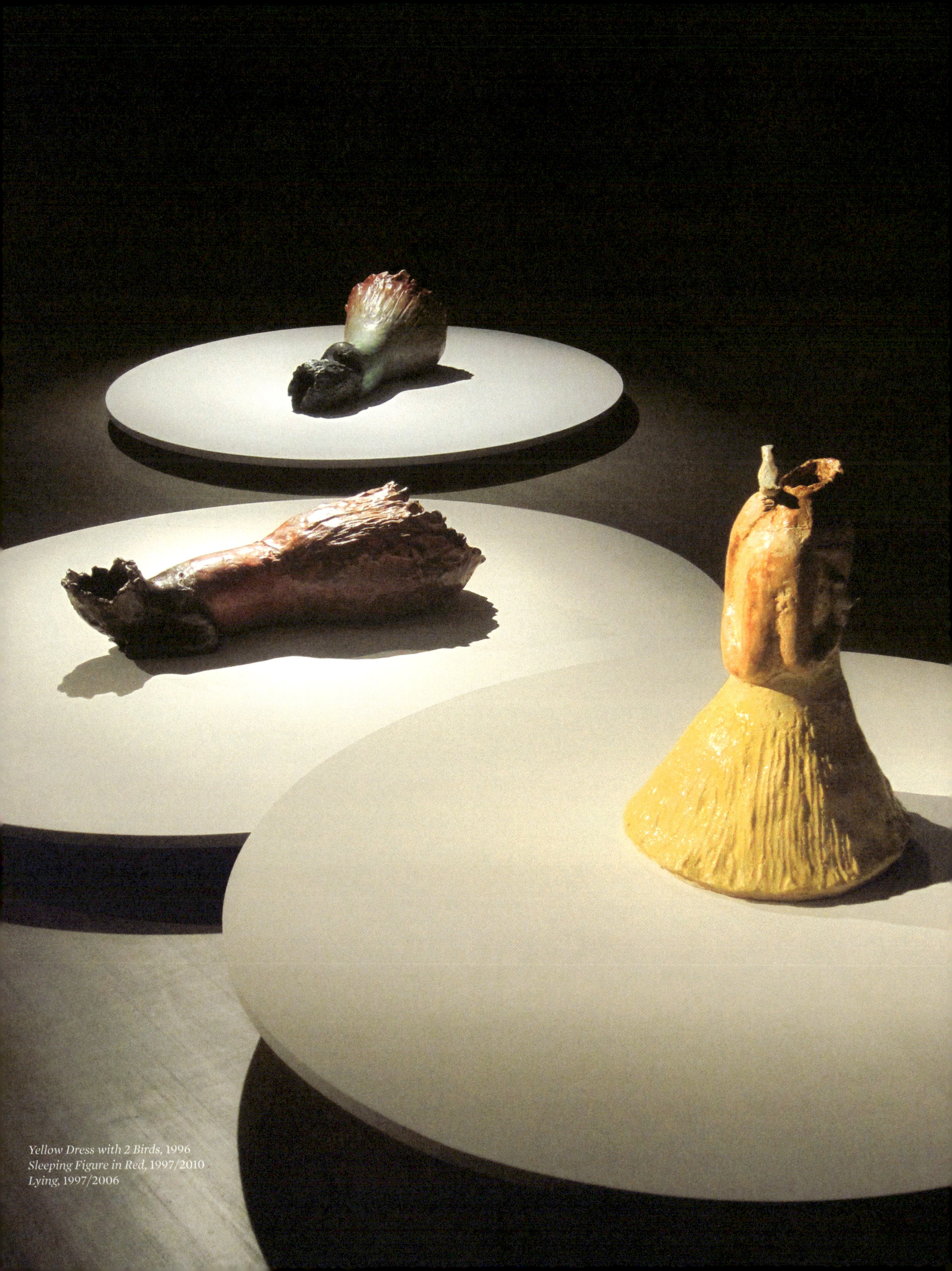

Yellow Dress with 2 Birds, 1996
Sleeping Figure in Red, 1997/2010
Lying, 1997/2006

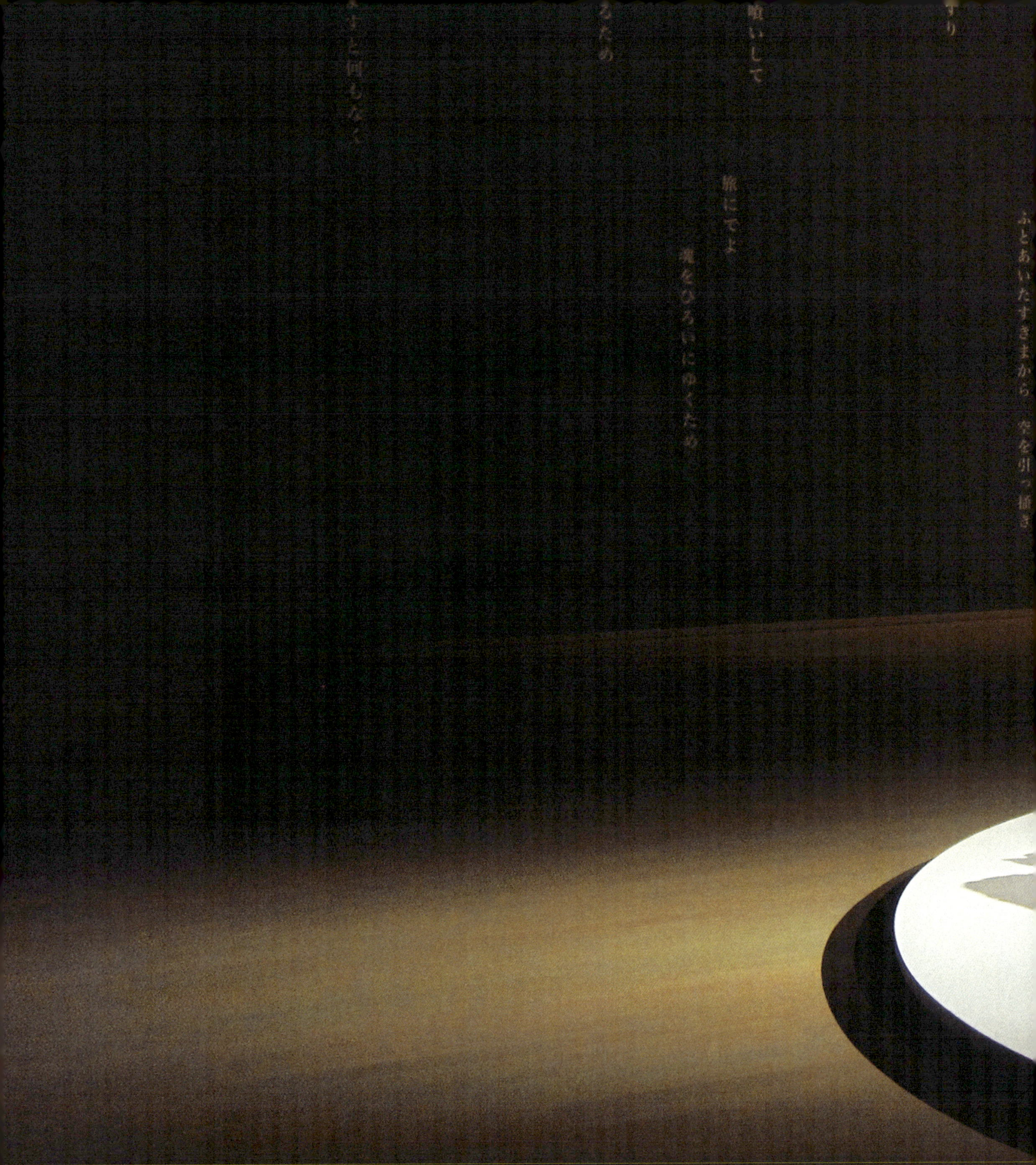

Lying (Blue), 1997

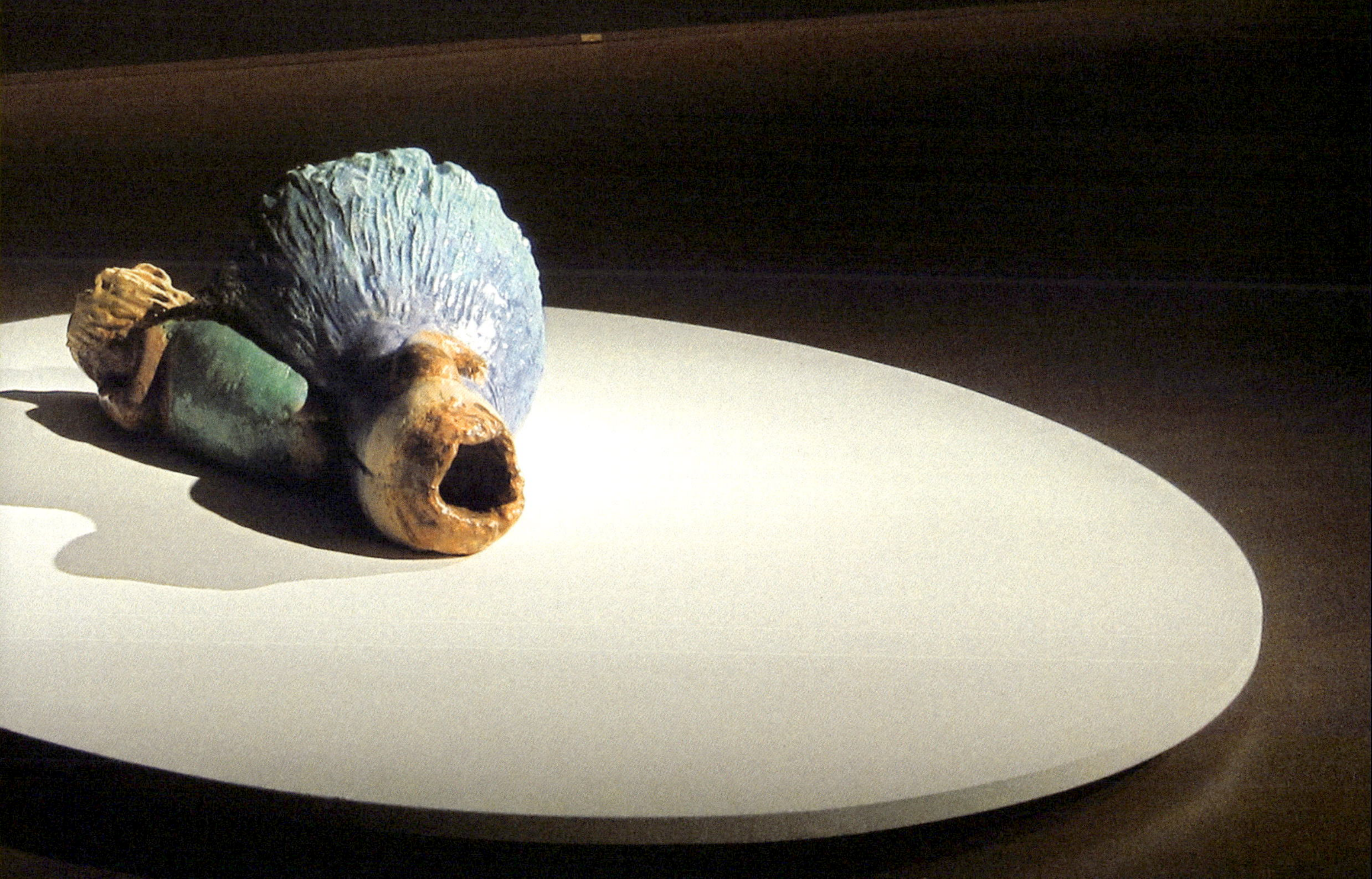

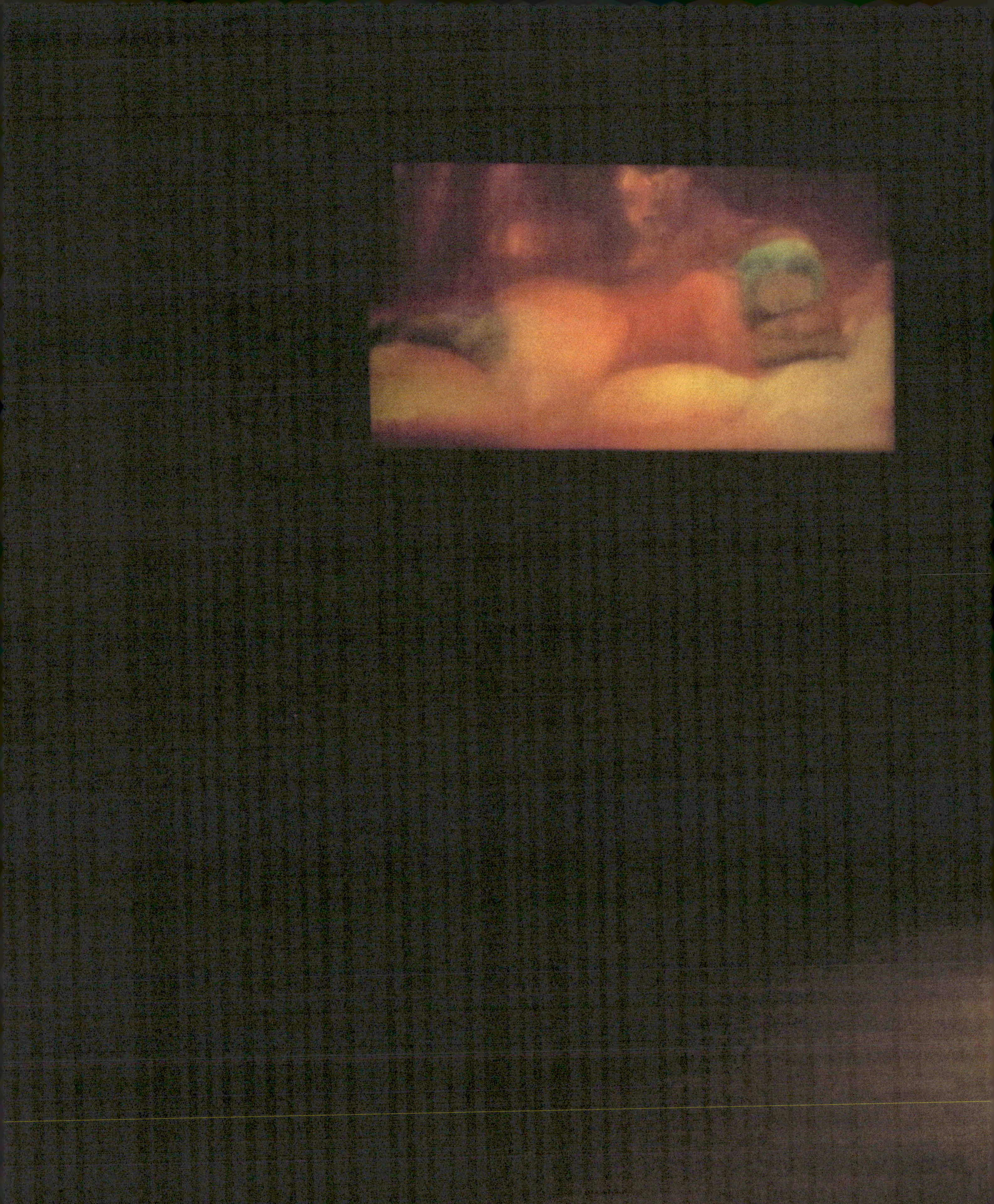

Squatting (Leaning on the Eyes), 1997
Lying with Lion Red, 2009/2010

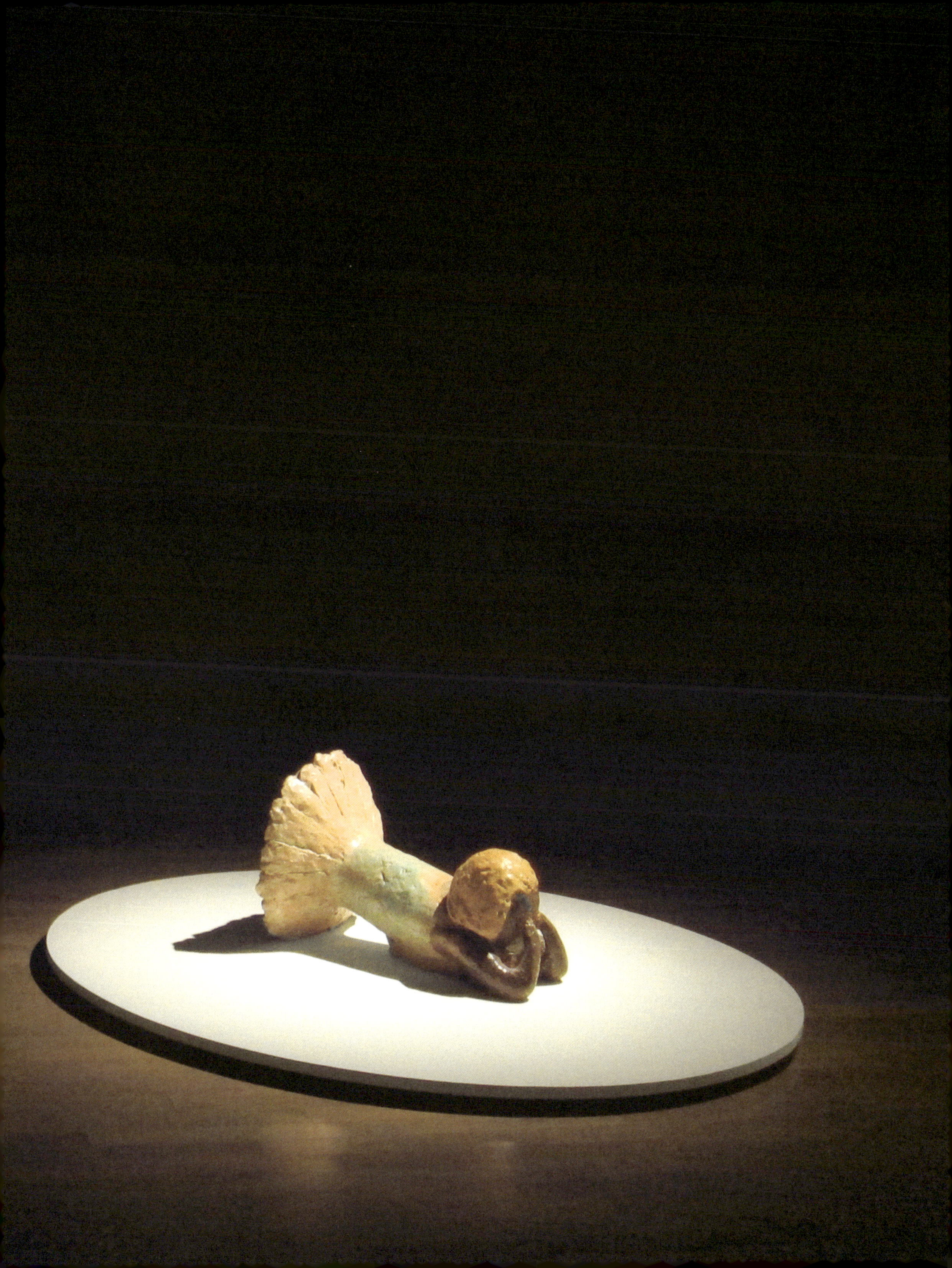

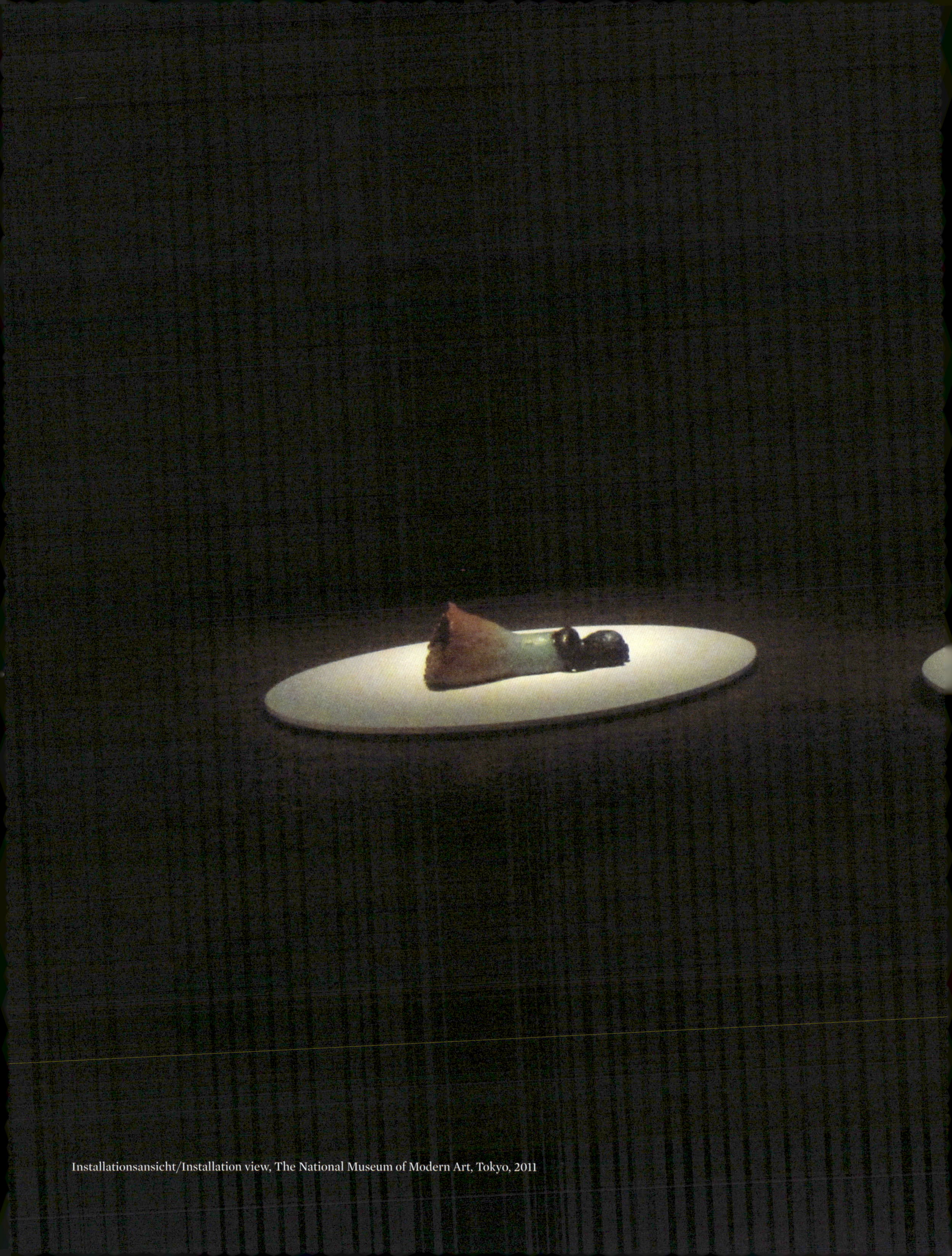

Installationsansicht/Installation view, The National Museum of Modern Art, Tokyo, 2011

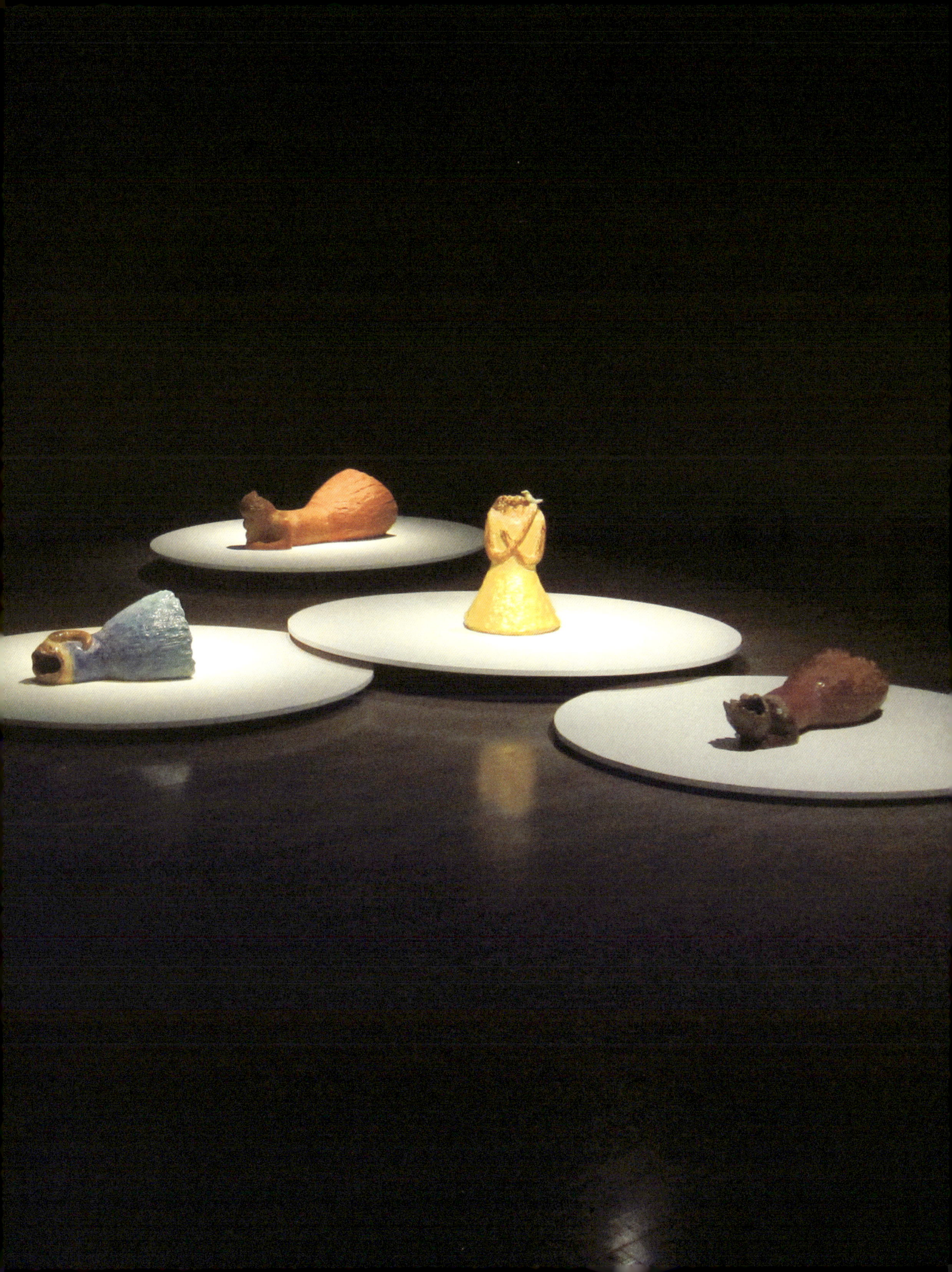

Yellow Dress with 2 Birds, 1996

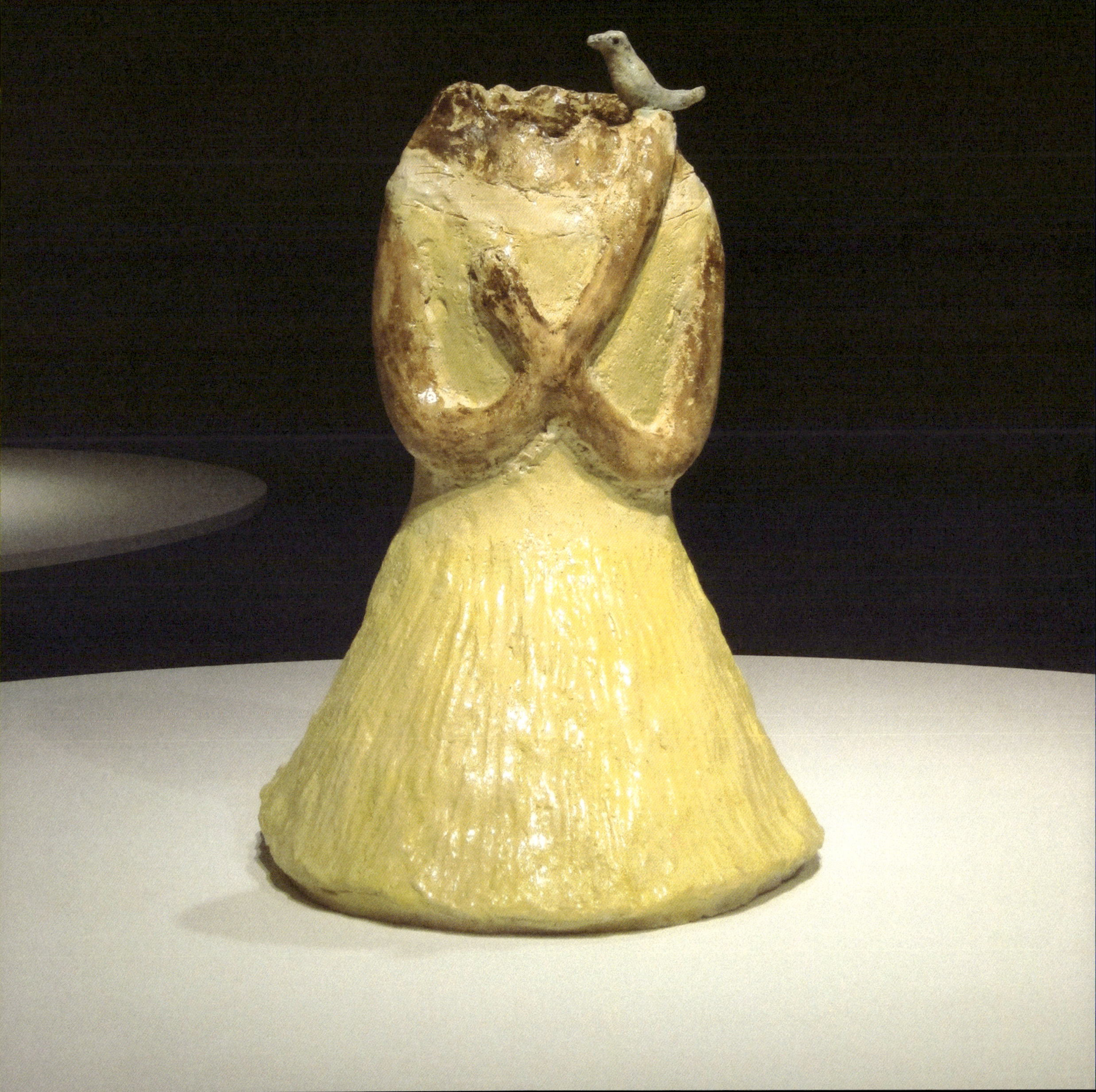

Blueish Horizon, 2008

Black Sky, 2008

だめだめといいながら　山と川と雲と海がとけあって　今のわたしは私でなく　ただここにいきずいてます

Nada, 2009

nein nein nein
mit dem berg, dem fluss, dem meer und
den wolken verschmelzen
und ich bin nicht ich
nur hier und jetzt atmend

no no no
merge with the mountain, the river,
the sea, and the clouds
and I am not I
breathing only here and now

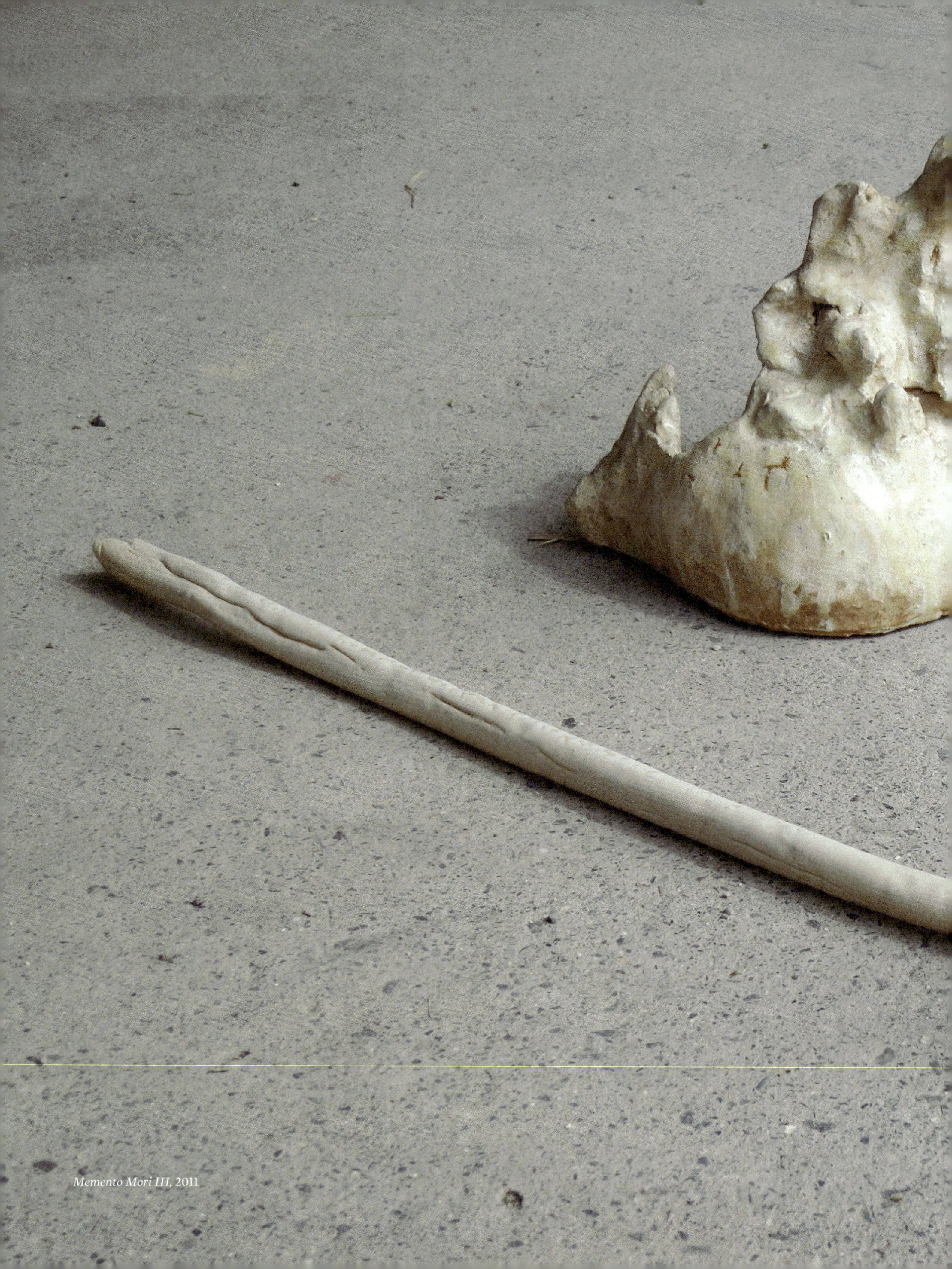

Memento Mori III, 2011

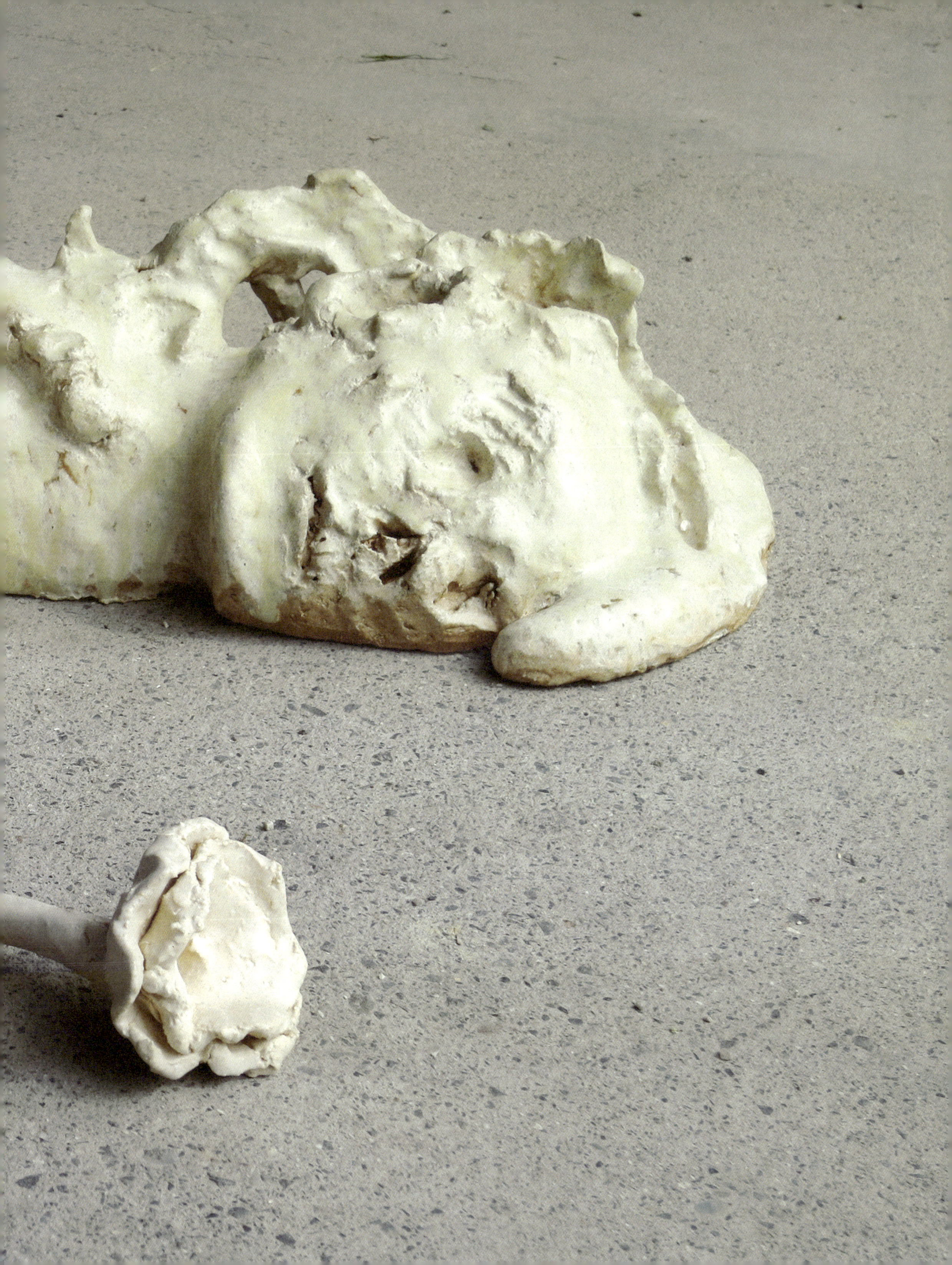

INTERVIEW

Aus einem Gespräch zwischen Kenjiro Hosaka und Reiko Nakamura, Kuratoren am Nationalmuseum für moderne Kunst, Tokio, Maiko Hara, Kuratorin am Mie Prefectural Art Museum, Mie und Leiko Ikemura

Tokio und Mie, November 2010 und Köln, März 2011

Wenn ich Deine Arbeiten von den Anfängen bis heute ansehe, habe ich das Gefühl, dass es eine Kontinuität gibt, die sich durch alle hindurchzieht. Wie ist das möglich?

Für das Schaffen eines Werks sind Motivation und innerer Antrieb entscheidend. Es ist eine Kombination aus dem Willen des Künstlers, der etwas erschaffen will, und der Kraft, die den Künstler unbewusst zu diesem Prozess treibt. Ich denke manchmal, dass ich eher ein Medium als ein Künstler bin. Ähnlich wie eine Miko (Schrein-Dienerin oder spirituelles Medium) fühle ich mich wie von einer unbekannten Macht geleitet. Ich kann meine Arbeit und mein Leben nicht voneinander trennen.

Seit fast vierzig Jahren lebe ich in Europa. Ohne herausgefunden zu haben, ob ich mich der europäischen Kultur angepasst habe, bin ich mit dieser Kultur verbunden. Aber ich habe auch immer das Gefühl, in gewisser Hinsicht anders zu sein, es ist das typische Gefühl des Étranger. Ich habe Japan vielleicht verlassen, weil ich mich wie eine Fremde in meinem eigenen Land gefühlt habe. Das heißt, der Grund für das Gefühl, dass etwas in Europa anders ist, liegt nicht nur darin, dass ich japanisch bin. Deshalb muss ich meine Arbeiten erschaffen, um zu vermeiden, dass ich mich entfremdet fühle. Vielleicht sollte ich sagen, dass es mir viel bedeutet, ganz bewusst zu leben. Eine Haltung, das „Authentische" zu suchen, ist mir wichtig, auch wenn das Wort heute ungebräuchlich geworden ist. Ich möchte in der Lage sein, solche Gefühle wie existenziellen Schmerz zum Beispiel einfach zu akzeptieren.

In Mie gibt es den O-Ise-san oder Großen Ise Schrein, einen sehr berühmten Shinto-Schrein.

Ich habe erst später in meinem Leben begriffen, dass der O-Ise-san mich geprägt hat. Ohne mir dessen bewusst zu sein, habe ich den Shintoismus wie das Christentum erfahren. Die christliche Idee einer Metaphysik des Lichts hat mich sehr angezogen, aber ich bin immer noch nicht damit einverstanden, wie zum Beispiel das Christentum Sexualität tabuisiert und wie es Schuldgefühle einflößt; das habe ich oft gedacht, besonders seit meinem Aufenthalt in Europa. Im Monotheismus glauben die Menschen an einen alles beherrschenden, väterlichen Gott. Ich meine, dass dies bis heute die Grundlage für eine patriarchalische Gesellschaft ist. Demgegenüber ist die Welt der japanischen Götter pantheistisch – Göttlichkeit existiert überall, in Steinen und Bäumen, in der Natur. Mit der Natur in Berührung zu kommen, ist eine körperlichere Angelegenheit als die abstrakte Göttlichkeit, die von der christlichen Kirche gepredigt wird. Im Shintoismus spielen Frauen eine bedeutende Rolle.

Spanien / Sprache / Kupferstich

Erzähl' mir von der Zeit, als Du in Spanien studiert hast.

Ich bin 1972 nach Europa gekommen. Damals ging niemand nach Spanien, um Kunst zu studieren. Die meisten gingen nach New York, Paris oder vielleicht nach London. Deutsche Künstler wie Joseph Beuys und die Kunstrichtung Fluxus waren zwar bekannt, doch vor allem die amerikanische Kunst hatte weltweiten Einfluss. Abstrakter Expressionismus und Pop-Art waren die Avantgarde.

In dieser Situation war ich die einzige Ausländerin, die in Sevilla Kunst studierte. Was ich dort gelernt habe, unterschied sich völlig von dem, was heute in den Akademien gemacht wird. Junge Studenten bekommen beigebracht, sich zeitgenössischer Kunst strategisch zu nähern. Wenn meine Arbeiten eine Art Unschuld haben, die nichts mit strategischen Ideen zu tun hat, kommt das

Excerpt from a conversation between Kenjiro Hosaka and Reiko Nakamura, curators at The National Museum of Modern Art Tokyo, Maiko Hara, curator at the Mie Prefectural Art Museum, Mie, and Leiko Ikemura

Tokyo and Mie, November 2010 and Cologne, March 2011

Upon surveying your earlier works up to the present day, I feel a consistency runs throughout them all. What do you think makes that possible?

For the creation of a work, the artist's motivation and driving force are indispensable. It is a combination of the will of the artist to create something and the unconscious force that drives the artist in this process. I sometimes think that I'm a medium rather than an artist. Similar to a Miko [shrine maiden or spiritual medium], I feel driven by some unknown force. I cannot dissociate my production from my life.

I've lived in Europe for almost forty years without having figured out if I have really adapted to European culture. I'm connected to a cultural life, yet have always lived with the feeling that I'm different in some respects. This is a typical feeling of l'étranger. Maybe I left Japan because I felt estranged in my own country... that would mean that the reason I sense that something in Europe is different isn't only because I'm Japanese. That is why I am involved with my works, to avoid becoming alienated; maybe I should say that it is essential to live with awareness. The search for authenticity is important to me, though that word is difficult to use today. I want to be in a place where it is possible to simply accept feelings such as existential anguish.

In Mie, there is O-Ise-san, or the Ise Grand Shrine, which is a highly distinguished Shinto shrine.

I only realized later in life that O-Ise-san has influenced me. Without being conscious of it, I experienced both Shintoism and Christianity. The Christian idea of metaphysics did speak to me, but I still can't relate to how Christianity prohibits sexuality, how it instills a sense of guilt. I've often thought so, especially since living in Europe. In the monotheistic world, people believe in one omnipotent paternal god. I think that this belief is the basis for a patriarchal society to this day. In contrast to this, in the pantheistic realm of Japanese gods, God exists everywhere, in stones and flowers, in nature. To be moved by nature is more a bodily experience than the abstract godliness preached in Christian churches. In Shinto, women have an important role.

Spain / Languages / Copper Engraving

Tell me about the time you studied art in Spain.

I moved to Europe in 1972. Back then, no one in Japan went to Spain to study contemporary art. Most people went to New York or Paris, or maybe London. The German artist Joseph Beuys (1921–1986) and also the Fluxus movement emerged around that time, but it was American art that had a global influence; works of Abstract Expressionism and Pop Art were in the vanguard.

Being at that time the only foreign student studying art in Seville, what I learned there was completely different from the tactics of the present art world, whereby artists are taught to take a strategic approach towards contemporary art; if my works have a sense of innocence that is unrelated to strategic ideas, I probably acquired it in Spain. There, for the first time, I had the feeling of living with awareness, detached from contemporary art. The way to art showed itself through the experience of living intensely. I went to an art academy in Seville, which remains a precious period in my life. It was important to stir the hearts of others, and through an authentic way of life, to learn to really see.

What type of painting did you create during those years?

Portraits, still lifes, and landscapes were core themes. I was influenced by Cubism and Fauvism—artists such as wahrscheinlich aus Spanien. Dort hatte ich das Gefühl, zum ersten Mal bewusst zu leben, abgekoppelt von zeitgenössischer Kunst. Durch die Erfahrung, intensiv am Leben zu sein, hat sich der Weg zur Kunst ergeben. Ich ging zur Kunstakademie in Sevilla, was für mich eine kostbare Zeit in meinem Leben war. Es war wichtig, die Herzen anderer zu berühren und durch eine authentische Lebensweise Dinge wirklich sehen zu lernen.

Welche Art Malerei hast Du in diesen Jahren erschaffen?

Porträts, Stillleben und Landschaften waren Grundthemen. Kubismus und Fauvismus haben mich beeinflusst, Künstler wie Picasso, Matisse und Braque, ebenso die spanische Malertradition von Velázquez, El Greco und Goya zum Beispiel. Ich habe gelernt, mich mit Natur auseinanderzusetzen, ohne dabei in Naturalismus zu verfallen, mit autonomen Formen und Farben Natur auf der Leinwand darzustellen.

Ein Lehrer an der Akademie hat mir das Essenzielle des Zeichnens eingebläut. Er war sehr streng, hat uns aber auch die Bedeutung der Linie gelehrt, indem er uns nach Modellen arbeiten ließ und sagte: „Zeichnet! Zeichnet!" Wenn man schneller zeichnet, lernt man das essenzielle Wesen der menschlichen Figur zu erfassen. Die Geschwindigkeit erlaubt, etwas zu erfassen, bevor der Verstand eingreifen kann. Dieser Weg ist wahrscheinlich ähnlich wie der Gebrauch des Pinsels in japanischer Kalligraphie. Zwar sehen meine Gemälde aus der Zeit unreifer aus, aber die Übung im Zeichnen hat etwas in mir geformt.

Hast Du die Zeichnungen aus der Zeit in Spanien noch?

Es gibt nur wenige. Die Zeichnungen, die in meinem Studio in Köln sind, entstanden in den 1980er Jahren, nachdem ich in die Schweiz gegangen war.

Übrigens habe ich neben Gemälden und Zeichnungen auch Radierungen in Spanien gemacht. Dieses Medium erlaubte mir zum ersten Mal, meine eigene Welt zu erschaffen. Meine Drucke waren keine typisch figurativen Arbeiten, sondern hatten einen surrealistischen Anklang, der aus meinem Inneren kam. Ich habe mich für drei bis vier Jahre in die Radierung vertieft. Das wurde wahrscheinlich die Basis für das Finden meiner eigenen künstlerischen „Sprache".

Heißt das, dass Du einen nur durch die Radierung einzigartigen Ausdruck entwickeln konntest?

Mittels der Technik der Radierung lernte ich, dass Linien einen Körper haben, der durch Ätzprozesse und chemische Reaktionen entsteht. Das Drucken war sehr attraktiv für mich, weil ich nicht sehen konnte, was ich gemacht hatte, bis die Arbeit fertig war. Es war wie Alchimie.

Ein Druck wird auch durch seine Flachheit bestimmt. Man kann zwar Tiefe erahnen, aber er ist vollständig flach und zweidimensional. Was denkst Du über diesen merkwürdigen Eindruck von Tiefe, den man nur in Drucken findet?

Ich mag das an Drucken. Das Zeichnen von Linien auf Leinwand suggeriert Dreidimensionalität, die so vom Künstler beabsichtigt ist. Aber durch die Technik der Radierung entsteht Tiefe auf natürliche Weise. Es hat etwas von *Sumi-e* (Tuschezeichnung), bei der zarte Linien eine Fläche dreidimensional wirken lassen. Ich kann den Wechsel zum Räumlichen wirklich fühlen. Es hängt natürlich davon ab, was abgebildet wird, aber ohne auf eine perspektivische Darstellung zurückzugreifen, können Radierungen und Kaltnadelradierungen durch unterschiedlich tiefe Linien eine dreidimensionale Anmutung erzeugen. Das war eine wichtige Erfahrung für mich, als ich einen eigenen künstlerischen Ausdruck entwickelte.

Dürers Drucke zeigen eine mikrokosmische Welt.

Ich stimme Dir zu. Sehr genaue Linien umreißen nicht nur die Konturen, so wie in Dürers Drucken, sondern vertiefen auch den Ausdruck, indem sie die Emotionen des Künstlers aufnehmen. Ich denke, Linien vermitteln Empfindungen.

Eigentlich war es die Kaltnadelradierung, die es mir ermöglichte, diesen Aspekt zu entdecken. Für Kupferstiche benutzt man Chemikalien zum Ätzen, aber man kann auch direkt mit einem Grabstichel Linien stechen, das ist dann Kaltnadelradierung. Diese Technik erlaubt einem, das Material direkt zu berühren, aber man weiß nicht, wie das Bild aussieht, bis es gedruckt wurde.

In Spanien habe ich gelernt, über das Skizzieren zu „beobachten", und meine Körperwahrnehmung wurde durch die Radierkunst geweckt. Durch den Körper, den man als eine ganzheitliche Energiequelle ansehen kann, der quasi zum Medium wird, kann man etwas erzeugen. Diese Vorstellung, die ich durch mein Leben in Spanien gewonnen habe, war ungemein wertvoll.

Schweiz / andere Künstler / Ferdinand Hodler

Erzähl' mir von der Zeit, als Du von Spanien in die Schweiz gezogen bist.

Als ich in der Schweiz ankam, gab es wieder eine neue Sprachbarriere, nämlich Deutsch. Wenn ich reise oder in andere Länder fahre, passiert durch den Wechsel der Sprache etwas Neues in mir. Ich kannte diese Erfahrung schon aus Spanien, aber es fühlt sich trotzdem jedes Mal neu an. Was ich in Spanien gelebt habe, hat meinen Körper und meine Seele zwar geprägt, aber ich hatte keine Idee, wie es sich von da an weiterentwickeln würde. Mein Leben in der Schweiz begann mit dieser Ungewissheit.

Picasso, Matisse, and Braque, as well as Spanish painters such as Rivera, Velázquez, El Greco, and Goya. I learned to deal with nature without falling into naturalism by using autonomous forms and colors to portray nature on canvas.

There was a teacher at the academy who hammered drawing techniques into me. He was very strict, but taught me the value of lines by presenting models and saying, "Just sketch!" Drawing quickly, you learn to grasp the essence of the human figure; it allows you to capture something before the mind intervenes. This method is probably similar to the use of the brush in Japanese calligraphy. At any rate, my paintings from that period look immature now, but the practice of sketching formed something in me.

Do you still have the drawings from the period when you lived in Spain?

There are only a few left. The drawings in my studio in Cologne were created in the 1980s, after the move to Switzerland.

Incidentally, aside from paintings and drawings, I also began to make etchings in Spain. This medium allowed the development of my own world for the first time. My prints weren't typical figurative works, but had surreal overtones that evolved within my internal mind. I was engrossed in etching for three or four years; this was probably the foundation for the development of my own "language" of artistic expression.

Does that mean you were able to develop expressions unique to etching?

Through etching I learned that lines have a body of their own, stemming from the scratching process and chemical reaction. Printmaking was appealing because you couldn't see what you'd done until the work was finished. It was like alchemy.

A print is also characterized by its flatness. Depth can be perceived from a printwork, but it's thoroughly flat and two-dimensional. What is your view about this remarkable, strange sense of depth that is uniquely found in prints?

I like that about prints. A three-dimensional quality can be created by drawing any kind of line on a canvas, according to the intent of the artist; but with etching techniques, depth naturally manifests. It has something in common with *Sumi-e* (ink painting), in that a faint depiction can transform a plane into a three-dimensional space. You can actually feel the shift of dimensions. This of course depends on what is being depicted, but without using the perspective method, etching and drypoint can shift into the third dimension through different depths of lines. This was a valuable experience for me during the process of establishing my own world of expression.

Dürer's printworks reveal a microcosmic world.

I agree. As in Dürer's prints, extremely detailed lines don't just produce the contours but also deepen the expression by absorbing the artist's emotions... lines convey impressions.

Actually, drypoint is what allowed me to discover this aspect. In copper engraving, the use of chemicals is one method, as found in etching, but there is also a method of directly grinding lines with a stylus, as can be found in drypoint. This method allows you to directly touch the material, but you don't know how the image will turn out until it's printed.

In Spain, I learned to "observe" via sketching, and my body awareness was awakened via etching. Through the physical body, which can be seen as a total energy source—that is, the body as the medium—something can be generated. These ideas that I grew to understand through my experiences in Spain were tremendously valuable.

Switzerland / Various Artists / Ferdinand Hodler

Tell me about the time you moved from Spain to Switzerland.

When I arrived in Switzerland, I once again faced a new language barrier, that is, German. When I travel or move to different countries, something new always takes place within me, through the change of language. I'd already had that experience, but it still felt new to me. What I learned in Spain nourished my body and soul, but I had no idea how it would develop from there... my life in Switzerland began with this uncertainty.

Switzerland is not by any means considered one of the major countries in the art world. But we shouldn't forget that Alberto Giacometti (1901–1966) was Swiss.

Giacometti is an excellent artist. Other distinctive artists then based in Switzerland were Ferdinand Hodler (1853–1918) and Giovanni Segantini (1858–1899).

What exactly do you like about Hodler?

I particularly like his lake paintings—how he depicts light, quite differently than the Impressionists, and the unique way he carries out his brushstrokes. His color tones are exceptional for that time.

I also like his turn-of-the-century images of women, which are unique depictions of femaleness. While Gustav Klimt's (1862–1918) female images possess a sense of decadence, Hodler's figures are more archaic, stronger, but not formalized. They also convey a sense of heroic pathos. But above all, I'm drawn to his landscapes.

Die Schweiz ist in der Kunstwelt jedenfalls kein Maßstab. Aber wir dürfen nicht vergessen, dass Alberto Giacometti Schweizer war.

Giacometti ist ein exzellenter Künstler. Ferdinand Hodler (1853–1918) und Giovanni Segantini (1858–1899) waren zwei weitere unverwechselbare Künstler, die in der Schweiz lebten.

Was genau magst Du an Hodler?

Besonders mag ich seine Gemälde von Seen und seinen Umgang mit Licht, der ganz anders ist als bei den Impressionisten, und die besondere Art, wie er seine Pinselstriche ausführt. Seine Farbtöne sind außergewöhnlich für die damalige Zeit.

Ich mag auch seine Bilder von Frauen aus der Zeit der Jahrhundertwende. Es sind einzigartige Bilder von Weiblichkeit. Während die Frauendarstellungen von Gustav Klimt (1862–1918) eine Aura der Dekadenz haben, sind Hodlers Figuren archaischer und stärker, aber nicht formalisiert. Sie transportieren ein heroisches Pathos, aber vor allem ziehen mich seine Landschaften an.

Oh ja! Deine Kompositionen von Bergen und Seen erinnern mich an Hodler.

Das stimmt. Die Rundung der Seen ist wie mein eigener Zugang dazu. Hodler betont die Parallelität der Elemente, indem er Wolken malt, die wie gespiegelte Reflexionen auf dem See liegen. Wie er Raum erzeugt, als ob die Szene auf den Kopf gestellt wurde, ist ziemlich verblüffend.

Hodler hat viele Skizzen von seiner sterbenden Geliebten Valentine Godé-Darel angefertigt. Sie sind herausragend. Mein Motiv des liegenden Mädchens hat eine besondere Bedeutung und man könnte sagen, dass ich von diesen Arbeiten von Hodler beeinflusst wurde, wie auch von einem Gemälde von Hans Holbein dem Jüngeren in der Sammlung des Kunstmuseum Basel.

Aber die Arbeit von Holbein ist eine Darstellung des toten Körpers Christi, oder?

Der Körper erscheint mir in einem unbestimmten Bereich zu sein, sodass man nicht sagen kann, ob er tot oder lebendig ist.

Obwohl er in England lebte, mag ich auch den Schweizer Künstler Johann Heinrich Füssli (1741–1825), besonders das Werk *Der Nachtmahr.* Darin wird eine einzigartige Welt der Dämonen gezeigt. Ich mag Bilder von Geistern, die für Japan typisch sind. Ist es nicht so, dass die japanische Kultur surrealistisch ist? Diese Wesen können ganz leicht zwischen dieser und der anderen Welt hin und her wandeln. Füssli war derjenige, der diese Idee von Geistern dargestellt hat. Der Surrealismus wurde von französischen Künstlern im 20. Jahrhundert erfunden, aber surreale Ideen existierten schon vorher in anderen Ländern, zum Beispiel in Arbeiten des britischen Künstlers William Blake (1757–1827).

Berge / Giacometti / Sesshu

Nach dieser Phase verschwand für Dich das andere Geschlecht, das heißt Bilder von Männern, aus Deinen Arbeiten. Stattdessen wird ein Mädchen Dein wichtigstes Motiv. Erzähl' mir von dem Grund für diesen Wechsel.

Ich habe mit unterschiedlichen Motiven gearbeitet, bevor ich zum Motiv des Mädchens kam. Meine Erfahrungen in den Bergen erlaubten mir, meine bisherige Herangehensweise und Konflikte aus Leben und Kunstschaffen zu überwinden. Ich lebte und arbeitete für ein Jahr alleine in den Schweizer Bergen. Die Erlebnisse dort, die ich im flachen Land nicht gemacht hätte, stimulierten meine Sinne. Meine Gemälde waren bis dahin eher wie Zeichnungen, die Oberfläche wurde von Linien dominiert, die Fläche brauchte diese Linien. Aber mein Leben in den Bergen brachte mich dazu, ein aktives Ineinanderwirken von Linien und Flächen zu schaffen.

Wo in der Schweiz war diese Berglandschaft?

Es war in Graubünden, südlich von Zürich, eine raue, felsige Gegend, die mir gut gefiel. Ich war eingeladen worden, in einem bescheidenen, schlossähnlichen Gebäude am Fuße der Berge zu arbeiten. Ich selbst lebte weiter oben in den Bergen, sodass ich jeden Tag über einige hundert Meter Höhenunterschied zum Atelier zurücklegen musste. So nahm ich den Raum in der Natur anders wahr und gewann auch mehr Distanz zu mir selbst und zu meiner Arbeit. Diese Erfahrung machte es mir möglich, in meiner Arbeit unterschiedliche Gefühle und innere Konflikte zu sublimieren. Ich vertraute meine Erlebnisse in den Bergen meiner „Sansuiga"-Serie (Landschaftsbilder) an, die „Alpenindianer" heißt.

Mit „Sansuiga" beziehst Du Dich auf eine Arbeit, die wie japanische Malerei oder *Suibokuga* (Tuschemalerei) aussieht? Westliche Gemälde, zum Beispiel Ölgemälde, werden nicht *Sansuiga,* sondern allgemein *Fukeiga* (Landschaftsgemälde) genannt. Du sprichst von „Alpenindianer" als *Sansuiga.* Hattest Du diesen Gedanken schon zu der Zeit, als Du sie gemacht hast?

Ja. Meine Begegnung mit den *Sansuiga* von Sesshū Tōyō (1420–1506) wurde eine der bedeutendsten künstlerischen Inspirationen für mich. Deshalb habe ich Sesshūs Komposition für meinen Skiläufer in Maloja aus der „Alpenindianer"-Serie übernommen.

Ist es das Bild aus Sesshūs Herbst- und Winterlandschaften, die sich in der Sammlung des Tokioter Nationalmuseums befinden?

Oh, yes! Your composition of mountains and lakes reminds me of Hodler.

That's right. The roundness of the lake is my own approach. Hodler emphasizes the parallel in the elements, depicting clouds that lay like mirrored reflections on a lake. He creates space as if the scene were upside-down; it's quite intriguing.

Hodler made many sketches of his lover, Valentine Godé-Darel, as she was dying. They are outstanding pieces. My motif of a reclining girl carries a great deal of meaning, and you could say that I was influenced by those works by Hodler, and also by one of Hans Holbein the Younger's paintings in the collection of the Kunstmuseum Basel.

But that work by Holbein is a depiction of the dead body of Christ, isn't it?

The body appears as though in an indeterminate realm, so that you can't tell whether it is dead or alive.

Although based in England, I also like the Swiss artist Johann Henry Füssli (1741–1825), particularly his work *The Nightmare*. A unique, demonic world is depicted in that work. I like images of ghosts that are typically found in Japan; don't you think that Japanese culture is surreal? These creatures can easily wander back and forth between this world and the other. Füssli was the one who depicted that idea of a spirit. Surrealism was invented by French artists in the 20th century, but surreal ideas already existed in other countries before that period, as can be found for instance in the works of British artist William Blake (1757–1827).

Mountains / Giacometti / Sesshū

After that period, the other sex, that is, images of men, disappeared from your works. Instead, your most important motif became a girl. Tell me the reason behind this transition.

I worked with varying motifs before coming to the motif of a girl. The experience in the mountains allowed me to transcend my former method that had merged life and sexuality. I lived and worked alone in a mountainous district in Switzerland for about a year; these experiences that I couldn't have had in a flatland stimulated my senses. My paintings up until that time were rather like drawings, the surface dominated by lines, the plane relying on the lines, but the experience of living in the mountains led me to develop my work to convey active interweaving between lines and planes.

Where in Switzerland was that mountainous region?

It was an area south of Zurich called Graubünden, which was rugged and mountainous; I liked the place, and had been invited to use an austere palace-like building at an entrance to the mountains as my studio. Living higher up, I drove the several-hundred-meter difference in elevation to and from my studio every day. It was possible to experience space in nature as I'd never known before, allowing me to sublimate various emotions and inner conflicts; these experiences in the mountains are entrusted to my "Sansuiga" [landscape painting] series, entitled "Alpenindianer".

By *Sansuiga*, are you referring to a work that is like Japanese-style painting, or *Suibokuga* [ink painting]? Western-style paintings, for example oil paintings, are commonly called *Fukeiga* [landscape painting], not *Sansuiga*. You just referred to your "Alpenindianer" as *Sansuiga*. Did you have this idea back at the time you created it?

Yes. My encounter with the Sansuiga by Sesshū Toyo (1420–1506) became a significant artistic inspiration; that's why I borrowed Sesshū's composition for my Skier in Maloja in the "Alpenindianer" series.

You're referring to Sesshū's Winter Landscape in the collection of the Tokyo National Museum?

Yes, that's the one. The river in Sesshū's painting is the Maloja Lake in mine, and the rocks in his painting are my human figures.

Around the time that series was created, I used to often compare Sesshū and Cézanne. Sesshū's works share some common elements with Cézanne's paintings. Those elements include his strong emphasis on construction, an analytical view of nature, how the lines actively interweave with the planes. That is to say, instead of drawing lines, they result from his depiction of planes and are thus very active. That awakened an interest in that way of expression, and I saw it as a challenge to come closer to an organic type of space through examination of another type of form and meaning.

The *Sansuiga* series is not just made up of landscapes, mountains, and rivers; the underlying context was to create an associative transformation of images, such as a human figure that is blended into a rock. In that expression, the elements of a human figure and nature are united through abstract formal language. This idea stemmed from the influence of living in the mountains in Switzerland. At that time, I wanted to unite the verticality that is possessed by mountains with the verticality that we mentally perceive; to convey the sensation that mountains and rocks, by their verticality, are interacting with our bodies. I was able to feel nature as purifying, as catharsis.

Sculpture / Utsuro / Evolution

Please tell me your motive for deciding to create sculptural works, and also the feelings you put into them.

Ja, das ist es. Der Fluss in Sesshūs Gemälde ist in meinem Bild der Maloja-See und der Felsen in seinem sind die menschlichen Figuren in meinem.

Zu der Zeit, als ich die Serie machte, habe ich oft Sesshū mit Cézanne verglichen. Sesshūs Arbeiten teilen einige allgemeine Merkmale mit Cézannes Bildern. Dazu gehören eine starke Betonung der Konstruktion und eine analytische Sicht der Natur, und wie die Linien sich aktiv mit den Ebenen verknüpfen. Das heißt, statt Linien zu zeichnen, resultieren sie aus seiner Darstellung von Flächen und sind dadurch sehr bewegt. Das hat mein Interesse an dieser Art des Ausdrucks geweckt. Ich sah es als Herausforderung, mich durch die Auseinandersetzung mit einer anderen Art von Form und Bedeutung einem organischen Typ von Raum anzunähern.

Meine „Sansuiga“-Serie besteht nicht nur aus Landschaften mit Bergen und Flüssen. Der Kontext war, eine assoziativ wirkende Transformation von Bildern zu kreieren, zum Beispiel eine von einem Felsen durchdrungene menschliche Figur. So wurden die Merkmale des Menschen und die der Natur durch eine abstrakte, gestaltende Sprache vereinigt. Diese Idee kam von meinem Leben in den Schweizer Bergen und folgte mir erneut in die jetzigen Landschaftsbilder. Zu dieser Zeit wollte ich die Vertikalität der Berge und die mit dem Geist erfassbare Vertikalität vereinen. Ich wollte das Gefühl vermitteln, dass Berge und Felsen durch ihre Vertikalität mit unserem Körper interagieren. Ich empfand die Natur als klärend, als Katharsis, auch im Hinblick auf sensuelle Aspekte, die der Vertikalität inhärent sind.

Skulptur / Utsuro / Evolution

Bitte erzähl' mir, warum Du Dich entschieden hast, Skulpturen zu machen, und welche Gefühle für Dich damit verbunden sind.

Ende der 1980er Jahre hatte ich das Gefühl, dass sowohl meine Arbeit als auch mein Leben in einer Sackgasse gelandet waren. Letztlich wurde mein Umzug in die Schweiz zu einem Wendepunkt. Aber kurz vorher habe ich mich gefragt, warum ich auf Leinwand malte, als ob ich Skulpturen machte. Dann dachte ich: Warum soll ich nicht gleich dreidimensional arbeiten? Die Skulptur basiert auf dem körperlichen Bewusstsein des Künstlers. Das heißt, es geht nicht nur darum, die eigenen Hände zu benutzen, sondern ein Objekt mit dem ganzen Körper zu bearbeiten. Wenn man Ton benutzt, können die Veränderungen und die Weichheit des Materials durch den Körper begriffen werden.

Es ist faszinierend, den Prozess von dem Zeitpunkt an zu durchlaufen, wenn der Ton noch weich ist bis hin zur Entwicklung unterschiedlicher Härtegrade. Am Anfang habe ich Ton verwendet, ohne ihn zu brennen. Ich habe mich nur für das Formen interessiert, aber dann wurde ich neugierig zu sehen, wie sich das Material, das heißt wie die Farbe und die Form des Tons sich durch den Brennprozess verändern würden.

Ich erkenne die Arbeit von Künstlern an, die umfassendes Wissen von den unterschiedlichen Techniken mit Ton haben und sie alle nutzen. Aber ich wollte grundsätzlich Skulpturen auf meine eigene Art erschaffen und nicht nur meine Erfahrungen erweitern.

Hattest Du schon die Idee, *Utsuro* (ein Konzept der „Leere“ und der „Hohlheit“) zu erschaffen, als Du anfingst, Skulpturen zu machen?

Nein, die Idee kam mir währenddessen. In meiner Arbeit meint *Utsuro* nicht nur Hohlheit, es spielt auch auf das Loch selbst an. Sinnesorgane wie Augen und Mund sind empfindsame „Wunden“ in Form eines Loches. Sie funktionieren als durchlässige „Stellen“, die das Selbst mit der äußeren Welt verbinden. Durch solche Entdeckungen inspiriert, habe ich den menschlichen Figuren in meinen frühen Skulpturen nicht nur Augen und Münder gegeben, sondern habe sie als Löcher erschaffen, die ein Gefühl der Hohlheit ausdrücken. Meine Skulpturen haben eine *Utsuro*-Form, weil ich an der dialektischen Beziehung zwischen „Sein“ und „Nichts“ interessiert bin.

Übrigens hast Du die 1980er Jahre als Deine allegorische Periode charakterisiert und die 1990er Jahre als die Phase des Mädchenmotivs. Wie entwickelten sich Deine Arbeiten im neuen Jahrhundert?

Ich würde sagen, es war eine „Entwicklung“ oder „Evolution“. In den frühen 1990er Jahren war mein Motiv ein primitiver Kopffüßler, dann entfaltete es sich in das Motiv des Kind-Mädchens.

Dies begann anfänglich als ein Bild, das sowohl als Tier wie auch als Pflanze angesehen werden konnte, aber es nahm immer mehr die Gestalt eines Mädchens an, welches dann für lange Zeit das Thema meiner Arbeiten wurde. Dann reifte das Mädchen zu einer Art Adoleszenten oder Erwachsenen heran. Aber eine Entwicklung geschieht nicht immer linear – etliche Ideen finden sich in meiner Arbeit gleichzeitig.

Neben der Auseinandersetzung mit diesem Hauptmotiv ging es auch um ein Ringen mit räumlichen Problemen.

Ich war mir der räumlichen Konstruktion bewusst, als ich die Mädchen malte. Ich stellte das Motiv nicht als Symbol dar, sondern als ob es aus der Leinwand auftauchte. Gleichzeitig erschien der Horizont und schaffte einen Raum, wie es nur in der Malerei möglich ist. Es fühlte sich an, als ob die Verbindung zwischen Horizont und menschlicher Figur einen vierdimensionalen Raum erschaffen hätte.

Dann habe ich noch einmal andere Ausdrucksformen erforscht. Weil ich meine Art des Raums durch einen

Around the end of the 1980s, I had the feeling that both my work and personal life were at a deadlock. Ultimately, moving to the mountainous region in Switzerland turned out to be my turning point, but a little before that, my mind had been occupied by why I was painting on canvas as if it were sculpture. This was when I thought, "why not create real sculptures." Sculpture is based on the artist's bodily awareness, meaning that rather than using your hands, it's more like manipulating an object with your whole body. When you use clay, the changes and fluidity of the material can be understood through your body.

It was fascinating to go through all the processes from the time the clay was soft to how it developed into something firm. At the beginning, I used clay but didn't fire it, my only interest being the sculpting process. I eventually became curious about how the material would transform, that is, how the color and quality of clay would change through the firing process.

I recognize the works of ceramic artists who use various techniques with a thorough knowledge of the material, but I wanted to create sculptures in my own way at a fundamental level, rather than focus on polishing my skills.

Did you already have the idea of creating *Utsuro* [which contains concepts such as "void" or "hollow," and which can be found in all Ikemura's sculptures] at the time you began creating sculptural works?

No, the idea came while sculpting. The *Utsuro* in my works is not just hollowness, but also alludes to a hole itself. The sensory organs, the eyes and mouth, are sensitive "wounds" in the form of a hole. They function as permeable "places" that connect the self with the external world. Inspired by such discoveries, my early sculptures have the eyes and mouths of human figures, but these are also expressed as holes that could convey a sense of hollowness. My sculptures have an utsuro-form because I am interested in the dialectical relationship between "being" and "nothingness."

... By the way, you just characterized the '80s as your allegorical period, and the '90s as your girl-motif period. How did you develop your works after the turn of the century?

I would say my works developed, or evolved. In the early '90s, my motif was a primitive cephalopod, which evolved into the motif of a "child-girl."

This initially began as an image that could be seen both as an animal and plant, but it gradually took on the appearance of a girl, which became for quite a time the theme of my works. Then the "girl" matured into an adolescent, an adult. A development doesn't always follow the path of linear progress—a number of Ideas take place simultaneously in my works.

Aside from the main motif, there was the struggle with the problem of space.

I was conscious of spatial construction while painting "girls" as well; I depicted the motif not as an icon, but as though it had emerged from within the canvas. The horizon appears and simultaneously creates space in a way that is only possible in painting. It felt as if the connection between the horizon and the human figure had manifested a fourth-dimensional space.

Over time, a certain pattern emerged from the image of a horizon. For instance, if the girl figure was depicted on a monochromatic background, then the formal composition remained the same regardless of whether the girl was standing or lying down. That's when I once again began exploring a new form of expression; having come to question my way of devising a space using a monochromatic background, I began destroying that format, and through that process, a new landscape expression developed. Upon considering how I should compose a space as a painter living in the present day, I realized that there are differences between Western and Japanese artists' understanding of space. I think that while Western people, relatively speaking, look at space through perspective, the Japanese look at space organically. Maybe it's because Western artists view objects as if they were looking through a camera lens that their spaces are based on architectural elements. Regardless, during Van Gogh's era, Western artists learned a new method of spatial expression from Japan, via the influence of Japonism, such as ukiyoe (woodcarving). During the Cubism period, they also acquired a new compositional method from African sculptures. Aside from the spatial problem in painting, there is also the question of time.

Layers of paint applied to a canvas contain the passage of time, which means that a sense of resonance can be conveyed through overlapping traces of paint.

My seascape series of paintings originated through that type of expression. Many layers of paint manifest space—the motif of a human figure may disappear, or also reemerge.

monochromen Hintergrund infrage stellen wollte, begann ich, den kompletten Bildaufbau aufzulösen. Dadurch ist eine neue Landschaftsdarstellung entstanden.

Indem ich darüber nachdachte, wie ich als Maler von heute den Raum konstruieren wollte, realisierte ich, dass es bei westlichen und japanischen Künstlern einen Unterschied im Verständnis von Raum gibt. Ich glaube, dass Abendländer den Raum durch die Perspektive wahrnehmen und Japaner den Raum eher organisch betrachten. Weil westliche Künstler Objekte wie durch eine Kameralinse sehen, sind ihre Räume auf einem architektonischen Gefüge aufgebaut. Trotzdem lernten westliche Künstler in der Zeit von van Gogh durch den Einfluss des Japonismus eine neue Methode des räumlichen Ausdrucks kennen, zum Beispiel durch den *Ukiyoe* (Holzschnitt). Und während des Kubismus eigneten sie sich mithilfe von afrikanischen Skulpturen eine andersartige Form der Komposition, eine Mehransichtigkeit, an.

Neben dem räumlichen Problem gibt es auch noch die zeitliche Frage in der Malerei. Die Malschichten auf dem Gemälde beinhalten den Fluss der Zeit, das bedeutet, dass ein Gefühl des Mitschwingens durch die sich überlagernden Farbspuren transportiert werden kann. So ist meine Serie der Seelandschaften entstanden. Viele Lagen von Farbe erzeugen Raum – das Motiv der menschlichen Figur kann verschwinden oder auch wieder auftauchen.

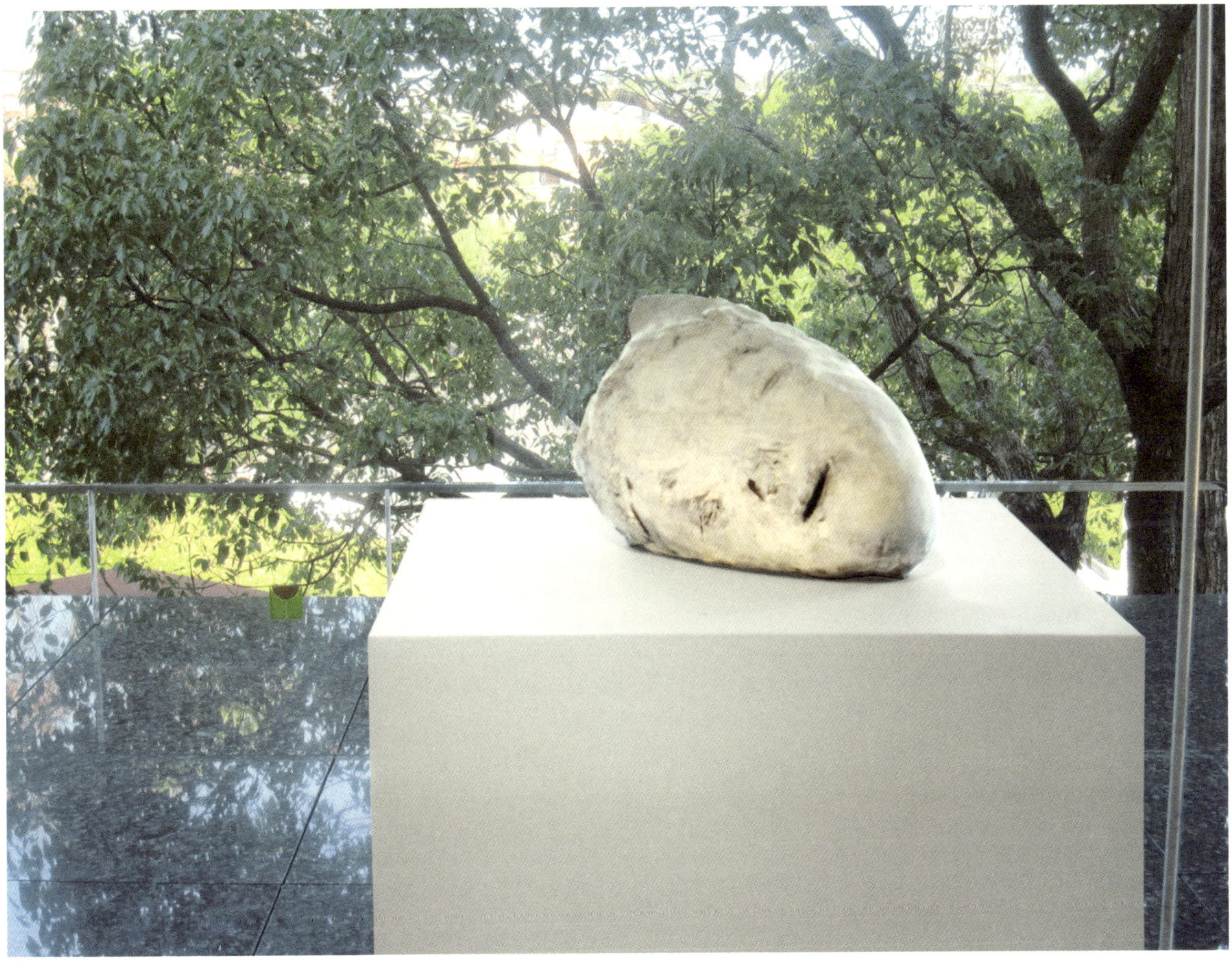

Kitsune-Head, 2010

WERKLISTE / LIST OF WORKS

Arbeiten ohne Sammlungsangabe im Besitz der Künstlerin./Works with no indication of the collection belong to the artist.

10
White Figure, 1992, Terrakotta, glasiert/Glazed terracotta, 41 × 25 × 13 cm, Collection of the National Museum of Art, Osaka
Installationsansicht der Ausstellung/Installation view of the exhibiton „Leiko Ikemura: Transfiguration“, Mie Prefectural Art Museum, Mie, 2011

17
Untitled, 1990, Terrakotta, glasiert/Glazed terracotta, 24 × 20,5 × 22 cm
Installationsansicht der Ausstellung/Installation view of the exhibiton „Leiko Ikemura: Transfiguration“, Mie Prefectural Art Museum, Mie, 2011

18
Sitting Hare with Hand, 1994, Terrakotta, glasiert/Glazed terracotta, 42 × 27 × 21 cm, Collection of the National Museum of Art Osaka
Installationsansicht der Ausstellung/Installation view of the exhibiton „Leiko Ikemura: Transfiguration“, Mie Prefectural Art Museum, Mie, 2011

19
Brown Ear (Archly), 1993, Terrakotta, glasiert/Glazed terracotta, 26 × 16 × 40 cm, Collection of the Aichi Prefectural Museum of Art, Japan,
Installationsansicht der Ausstellung/Installation view of the exhibiton „Leiko Ikemura: Transfiguration“, Mie Prefectural Art Museum, Mie, 2011

20/21
Installationsansicht der Ausstellung/Installation view of the exhibiton „Leiko Ikemura: Transfiguration“, Mie Prefectural Art Museum, Mie, 2011

23
Bluescape, 2009, Tempera auf Leinwand/Tempera on canvas, 110 × 80 cm

27–31
Mare e Monti, 2010/2011, Öl auf Jute/Oil on jute, 160 × 120 cm

32/33
Mare e Monti, 2010/2011, Öl auf Jute/Oil on jute, 160 × 120 cm
Installationsansicht der Ausstellung/Installation view of the exhibition „Leiko Ikemura: Transfiguration“, The National Museum of Modern Art, Tokyo, 2011

35
Sansui, 2011, Tusche und Pigment auf Jute/Ink and pigment on jute, 161 × 122 cm, Privatsammlung/Private Collection

39
Fu, 2012, Öl auf Leinwand/Oil on canvas, 130 × 180 cm

40
F-Scape, 2012, Öl auf Leinwand/Oil on canvas, 140 × 180 cm

41
Mountain Lake, 2010/2011, Öl auf Jute/Oil on jute, 140 × 180 cm, Courtesy Galerie Karsten Greve, Köln/Cologne, Paris, St. Moritz

42/43
Sansui, 2011, Tusche und Pigment auf Jute/Ink and pigment on jute, 130 × 180 cm

45
PV-Scape, 2011, Tempera auf Jute/Tempera on jute, 130 × 95 cm

46
L2, 2012, Pigment und Öl auf Jute/Pigment and oil on canvas, 120 × 160 cm

47
L1, 2012, Pigment und Öl auf Jute/Pigment and oil on canvas, 120 × 160 cm

51
White Landscape, 2012, Terrakotta/Terracotta, 30 × 20 × 20 cm
Installationsansicht der Ausstellung/Installation view of the exhibition „Doki Doki", The Foundation of Shigaraki Ceramic Cultural Park, Shigarakicho, 2012

53–55
Animascape, 2010, Pastell auf Papier/Pastel on paper, 49 × 64 cm

56/57
Mountain-Man, 2011/2012, Terrakotta, glasiert/Glazed terracotta, 44 × 20 × 25 cm

58
Mandarine, 2010, Öl auf Jute/Oil on jute, 90 × 120 cm, Courtesy Galerie Karsten Greve, Köln/Cologne, Paris, St. Moritz

59
Animascape, 2010, Pastell auf Papier/Pastel on paper, 49 × 64 cm

63
Isola, 2010, Öl auf Jute/Oil on jute, 90 × 120 × 4 cm

65
Lago Z, 2008, Öl auf Jute/Oil on jute, 90 × 120 cm
Courtesy ShugoArts, Tokyo

66
OT, 2009, Öl auf Jute/Oil on jute, 90 × 120 cm
Courtesy Galerie Haas AG, Berlin

67
Lago with Tiger, 2009, Öl auf Jute/Oil on jute, 90 × 120 cm, Courtesy Galerie Haas AG, Berlin

68
Lago with a Girl, 2009, Öl auf Jute/Oil on jute, 90 × 120 cm, Courtesy ShugoArts, Tokyo

69
Lago Maggiore, 2009, Öl auf Jute/Oil on jute, 90 × 120 cm, Courtesy ShugoArts, Tokyo

71
Green Scape, 2010, Öl auf Jute/Oil on jute, 90 × 120 cm

73
Floating Face in Blue Sky, 2011, Öl auf Jute/Oil on jute, 80 × 110 cm, Privatsammlung/Private Collection

77
Ma-san, 2004, Terrakotta, glasiert/Glazed terracotta, 167 × 60 × 60 cm, Courtesy Galerie Karsten Greve, Köln/Cologne, Paris, St. Moritz
Wu-San, 2004, Terrakotta, glasiert/Glazed terracotta, 174 × 60 × 60 cm, Courtesy Galerie Karsten Greve, Köln/Cologne, Paris, St. Moritz
Installationsansicht der Ausstellung/Installation view of the exhibiton „Leiko Ikemura: Transfiguration", Mie Prefectural Art Museum, Mie, 2011

78
Ma-san, 2004, Terrakotta, glasiert/Glazed terracotta, 167 × 60 × 60 cm, Courtesy Galerie Karsten Greve, Köln/Cologne, Paris, St. Moritz
Installationsansicht der Ausstellung/Installation view of the exhibiton „Leiko Ikemura: Transfiguration" Mie Prefectural Art Museum, Mie, 2011

80
Tree-Being, 2007, Pastell auf Papier/Pastel on paper, 72 × 51 cm, Privatsammlung/Private Collection

81–83
Tree Love True Love, 2007, Pastell auf Papier/Pastel on paper, 40 × 30 cm, Collection of the National Museum of Modern Art, Tokyo

84
Trees, 2007, Pastell auf Papier/Pastel on paper, 40 × 30 cm

85
Tree Love True Love, 2007, Pastell auf Papier/Pastel on paper, 40 × 30 cm, Collection of the National Museum of Modern Art, Tokyo

86
Red Trees, 2009, Öl auf Jute/Oil on jute, 160 × 120 cm, Collection of the Mie Prefectural Art Museum, Mie

87
Tree Figure, 2007, Pastell auf Papier/Pastel on paper, 72 × 51 cm, Courtesy Galerie Karsten Greve, Köln/Cologne, Paris, St. Moritz

88
Floating Flame-Head, 2007, Pastell auf Papier/Pastel on paper, 42 × 30 cm

91
Floating Head, 2009, Tempera auf Leinwand/Tempera on canvas, 60 × 50 cm, Privatsammlung/Private Collection

93
Floating Face, 2007, Tempera auf Leinwand/Tempera on canvas, 50 × 60 cm, Privatsammlung/Private Collection

97
White Sleep, 2010, Terrakotta, glasiert/Glazed terracotta, 15 × 26 × 18 cm

98
Red Head I, 2011, Terrakotta/Terracotta, 17 × 36 × 24 cm, Courtesy ShugoArts, Tokyo

99
Kitsune Blue, 2011, Terrakotta, glasiert/Glazed terracotta, 30 × 20 × 20 cm, Courtesy Galerie Karsten Greve, Köln/Cologne, Paris, St. Moritz

100
A Sleep, 2010/2011, Terrakotta/Terracotta, 23 × 42 × 25 cm

103
Leiko Ikemura bei der Arbeit im Studio von/working in the studio of Jun Kaneko in Omaha, USA, 2011

104
Namenlos, 2008/2011, Terrakotta/Terracotta, 22,5 × 41,5 × 25 cm

105
Leiko Ikemura bei der Arbeit im Studio von/working in the studio of Jun Kaneko in Omaha, USA, 2011

106/107
Face in Blue, 2008, Öl auf Jute/Oil on jute, 90 × 120 cm

108/109
Double Lying, 2009, Öl auf Leinwand/Oil on canvas, 80 × 150 cm, Privatsammlung/Private Collection

113
Yellow Dress with 2 Birds, 1996, Terrakotta, glasiert/Glazed terracotta, 66 × 44 × 46 cm; *Sleeping Figure in Red,* 1997/2010, Bronze, 26 × 33 × 103 cm, Privatsammlung/Private Collection; *Lying,* 1997/2006, Bronze, 39 × 92 × 40 cm, Collection The Vangi Sculpture Garden Museum; Installationsansicht der Ausstellung/Installation view of the exhibiton „Leiko Ikemura: Transfiguration", The National Museum of Modern Art, Tokyo, 2011

114/115
Lying (Blue), 1997, Terrakotta, glasiert/Glazed terracotta, 37 × 91 × 67 cm
Installationsansicht der Ausstellung/Installation view of the exhibiton „Leiko Ikemura: Transfiguration“, The National Museum of Modern Art, Tokyo, 2011

116/117
Squatting (Leaning on the Eyes), 1997, Terrakotta, glasiert/Glazed terracotta, 45 × 72 × 47 cm
Lying with Lion Red, 2009/2010, Öl auf Jute/Oil on jute, 90 × 170 cm, Privatsammlung/Private collection Sammlung/Collection Marc & Kathryn LeBaron, Lincoln, USA
Installationsansicht der Ausstellung/Installation view of the exhibiton „Leiko Ikemura: Transfiguration“, The National Museum of Modern Art, Tokyo, 2011

118/119
Installationsansicht der Ausstellung/Installation view of the exhibiton „Leiko Ikemura: Transfiguration“, The National Museum of Modern Art, Tokyo, 2011

121
Yellow Dress with 2 Birds, 1996, Terrakotta, glasiert/Glazed terracotta, 66 × 44 × 46 cm
Installationsansicht der Ausstellung/Installation view of the exhibiton „Leiko Ikemura: Transfiguration“, The National Museum of Modern Art, Tokyo, 2011

122
Blueish Horizon, 2008, Tempera auf Jute/Tempera on jute, 70 × 80 cm

123
Black Sky, 2008, Tempera auf Jute/Tempera on jute, 60 × 70 cm

125
Nada, 2009, Tempera und Öl auf Jute/Tempera and oil on jute, 240 × 180 cm

128/129
Memento Mori III, 2011, Terrakotta/Terracotta, 45,5 × 20 × 15 cm

139
Kitsune-Head, 2010, Terrakotta/Terracotta, 28 × 11 × 17 cm
Installationsansicht der Ausstellung/Installation view of the exhibiton „Leiko Ikemura: Transfiguration“
Mie Prefectural Art Museum, Mie, 2011

HAIKUS

72
ah, alle sagen
es ist dunkel, es ist dunkel
aber was ist das, was so leuchtet
in der ferne?
vielleicht todesland, ah heimat

ah, everyone says
it's dark, it's dark
but what is that shining so
brightly in the distance?
perhaps the land of death, ah home.

90
nie gedacht
die seelen der bäume tanzen leicht
mit einer solchen trauer
am vorabend

I never thought
the souls of trees dance lightly
with such grief
the evening before

101
sag nicht immer ich, ich
es ist doch nicht von bedeutung
verglichen mit der traurigkeit
die andauernd heimsucht

don't always say I, I
it means nothing
compared to the sadness that
constantly haunts

Konzeption/Concept
Leiko Ikemura, Philipp von Matt

Gestaltung/Design
BOROS, Ingo Maak

Texte/Texts
Julian Heynen, Maiko Hara, Kenjiro Hosaka und/and Reiko Nakamura (Interview)

Übersetzungen/Translations
Fiona Elliott (S./pp. 13–17);
Sada Shervin (S./pp. 131–137)
Leiko Ikemura und/and Julia Dellith (S./pp. 130–138)

Lektorat/Copy Editing
Distanz Verlag und/and Andrea Scrima,

Lithografie/Image Editing
max-color, Berlin

Produktion/Production Management
DISTANZ, Nicole Rankers

Gesamtherstellung/Production
Passavia Druckservice GmbH & Co. KG, Passau

Fotonachweis/Picture Credits
Jörg von Bruchhausen (S./pp. 23, 35, 41, 42/43, 45, 46, 47, 63, 66, 67, 71, 93, 106–109, 125)
Carl-Victor Dahmen (S./pp. 53, 54, 55, 59)
Lisa Drewes (S./p. 122)
Sasa Fuis (Cover, S./p. 97)
Marc Gilgen (S./pp. 39, 40)
Jens Kunert (S./p. 73)
Jochen Littkemann (S./pp. 27–31, 58, 65, 68, 69, 81, 82, 83, 84, 85, 87, 91, 123)
Philipp von Matt (S./pp. 4, 17–21, 32/33, 51, 56/57, 77, 78, 100, 103–105, 113–121, 128/129)
Lothar Schnepf (S./pp. 80, 86, 87, 88, 98, 99)

Vertrieb/Distribution
Gestalten, Berlin
www.gestalten.com
sales@gestalten.com

ISBN 978-3-942405-69-0
Printed in Germany

Erschienen im/Published by
DISTANZ Verlag
www.distanz.de

Dank an/Thanks to:
The National Museum of Modern Art, Tokyo: Thoru Matsumoto, Kenjiro Hosaka, Reiko Nakamura; Mie Prefectural Art Museum: Mouri Ichiro, Maiko Hara; The Foundation of Shigaraki Ceramic Cultural Park: Michio Sugiyama; Julian Heynen, Sada Shervin, Julia Dellith; Karen & Robert Duncan; Kathy & Marc LeBaron; Jun & Ree Kaneko; Galerie Karsten Greve, Köln/Cologne, Paris, St. Moritz; Galerie Michael Haas AG, Berlin; Michael Fuchs Galerie, Berlin; ShugoArts, Tokyo